CONSIDÉRATIONS

SUR

LE JEU, LES JOUEURS,

LA THÉORIE DES JEUX, etc.

DE L'IMPRIMERIE DE TESTU.

CONSIDÉRATIONS

SUR

LE JEU, LES JOUEURS,

LA THÉORIE DES JEUX DE HASARD,

LES CALCULS DE PROBABILITÉS, LA CONDUITE
A TENIR AU JEU, L'ADMINISTRATION DES
JEUX, etc.

PAR M. LABLÉE,

Chevalier de l'Ordre royal de la Légion d'honneur,
de l'Académie de Lyon, etc.

NOUVELLE ÉDITION,

Revue et augmentée.

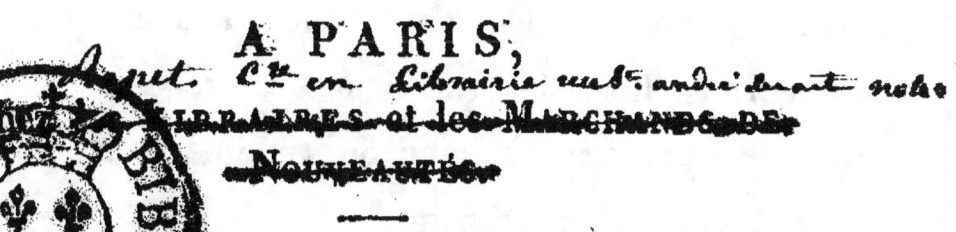

A PARIS,

manuscript annotations overlapping printed text

LIBRAIRES et les MARCHANDS DE
NOUVEAUTÉS.

——

1816.

INTRODUCTION.

~~~~~~

Dans le roman de la Roulette (1), j'ai parlé le langage du sentiment ; j'ai tâché d'offrir des tableaux qui pussent émouvoir l'imagination ; j'ai peint un joueur en action ,

_____

(1) La sixième édition de cet ouvrage, avec un tableau gravé et colorié, représentant un jeu de roulette, se vend chez Rapet, commissionnaire en librairie, rue Saint-André-des-Arcs, n. 41. Prix : 1 franc 50 centimes ; et franc de port, 1 fr. 75 cent.

entraîné, comme ils le sont presque tous, par des erreurs de calculs, et livrés aux illusions d'une passion désastreuse. Quel écrivain, ami de l'humanité et des mœurs, n'est pas pressé par le besoin d'arrêter dans leur cours les vices et les excès qui leur portent le plus d'atteinte, et d'attirer tous les regards sur les piéges tendus à la crédulité, à l'ignorance et à la faiblesse ?

Je vais encore m'occuper du même sujet : j'en parlerai dans les

mêmes sentimens et dans les
mêmes principes ; mais je le con-
sidérerai sous d'autres rapports.
Je réprimerai tout mouvement
passionné ; et, recherchant plus
ce qui est vrai que ce qui peut
faire sensation, je donnerai à mes
idées un développement plus méthodique. Moins jaloux d'émouvoir, que d'éclairer et de convaincre, je m'adresserai moins au
cœur qu'à l'esprit ; en un mot,
j'écrirai plutôt sur le jeu que contre le jeu. Lorsqu'on suit un pareil

plan ; si les effets qu'on produit sont moins brillans et moins vifs, ils peuvent être plus sûrs et plus durables.

Certes, je ne serai jamais l'apologiste des goûts et des habitudes du jeu ; mais il me semble que la meilleure manière de les combattre, n'est pas d'annoncer d'abord le vœu et l'intention de les détruire ; et s'il est vrai que leur destruction soit regardée comme impraticable, n'y a-t-il pas quel-

que chose de mieux à faire que
d'appeler sur les joueurs et sur les
lieux qui les rassemblent, le mépris et la proscription ? On a su
extraire des sucs bienfaisans de
plantes vénéneuses ; ne peut-on
enlever au jeu ce qu'il a de plus
dangereux et de plus funeste ?
n'en peut-on du moins tirer quelques fruits ? Ce désordre , ces
pertes sont-ils sans dédommage-
mens, sans compensations ? et n'y
a-t-il aucun bien à côté d'un si
grand mal ?

Il faut parler aux hommes égarés par des passions un langage qui leur soit familier, ou qu'ils puissent entendre ; il faut compter, pour ainsi dire, avec eux, dans leurs propres affaires ; ainsi on se rend maître de leur attention, ce qui est déjà avoir beaucoup obtenu : ils peuvent alors apercevoir eux-mêmes le danger qui les menaçait, le précipice dans lequel ils allaient tomber ; alors il est plus facile de leur faire quitter la ligne sur laquelle ils étaient placés, et de les attirer sur un point qui concilie mieux leurs intérêts et leurs goûts.

Je vais donc tâcher d'alléger le poids énorme qu'un destin aveugle fait peser sur les joueurs; et en examinant ce qui doit leur être ôté, et ce qu'il convient encore de leur conserver, je m'applaudirai, si je peux aussi, par de faibles, mais nouveaux aperçus, aider l'administration publique à remplir un de ses devoirs les plus difficiles.

Je garderai le silence sur les désagrémens et les défaveurs que m'ont causé mes ouvrages contre les jeux. Il en coûte souvent pour faire connaître d'utiles vérités, mais les écrivains moraux rempliraient - ils leur devoir s'ils ne savaient faire le sacrifice de leur intéret personnel ?

CONSIDÉRATIONS

CONSIDÉRATIONS

SUR

LE JEU, LES JOUEURS,

LA THÉORIE DES JEUX, etc.

CHAPITRE PREMIER.

De l'ouvrage intitulé : De la Passion
du Jeu, *par* DUSSAULX.

LE bon, l'honnête Dussaulx a fait
sur la passion du jeu un traité historique et moral, qui est ce que nous
avons de plus complet, de mieux
pensé et de mieux écrit sur cette matière. On y remarque une érudition

1

facile, des anecdotes curieuses et ins-
tructives, des réflexions originales,
piquantes et quelquefois profondes,
une sorte de verve poétique, et des
vues portant le cachet d'un bon esprit et d'un bon cœur : on partage
la juste indignation qu'excitent dans
l'âme de l'auteur les excès du jeu et
le crime de ceux qui les favorisent;
mais souvent l'on sourit à sa con-
fiante bonhomie. A-t-il pu croire que
l'énergie des passions cupides céde-
rait à des moralités et à des citations?
En le lisant avec attention, on doute
qu'il s'en soit flatté; mais si on n'y
trouvait de ces pensées fortes, de ces
traits qui caractérisent la vraie sensibilité et le besoin de la répandre,
on serait tenté de penser que l'auteur a voulu faire plutôt un ouvrage

savant, curieux, orné des fleurs de l'éloquence, qu'un ouvrage dont on pût retirer beaucoup de fruit. On le voit plus appliqué à peindre le mal qu'à en indiquer le remède. Lui-même il parle de l'inutilité des lois et des efforts des gouvernemens contre cette fureur aveugle; il dit et il prouve que le jeu a dans tous les lieux et dans tous les tems subjugué l'esprit des hommes de toutes les classes. « Par-» courez la terre depuis le Japon » jusqu'à l'extrémité du nouveau » monde, quels que soient le culte, » les lois et les opinions, vous trouve-» rez des joueurs dans les climats » glacés et dans les climats brûlans ».

Voilà ce que dit Dussaulx; et pour démontrer par les faits que cette épidémie universelle est indestructible,

1 *

je n'aurais besoin que de reproduire ceux qu'il rapporte.

Je citerai plus d'une fois cet auteur, le seul qui chez nous se soit fait entendre sur cette matière. N'ayant pour but que d'offrir la vérité, je ne dois rien négliger de ce qui me semble propre à la faire connaître. C'est dans cet esprit et dans cette obligation que je relèverai aussi les défauts et les erreurs qui m'ont frappé dans l'ouvrage dont il s'agit.

Dussaulx prononce d'abord trop fortement son intention de peindre les joueurs et leur manie avec les couleurs les plus noires; il commence par les dévouer à la haine et à la proscription; et à ce sujet il s'exprime ainsi : « Si les écrivains ont montré » les côtés séduisans du jeu, ils sont

» dés corrupteurs; s'ils n'en ont ex-
» primé que la difformité, ils sont
» les vrais amis de l'humanité ».

Aussi représente-t-il souvent les
joueurs moins tels qu'ils sont, que
tels qu'il faut qu'ils soient pour paraître odieux. Voilà bien ce qui convient pour faire briller le talent d'un
écrivain, pour qu'il puisse donner à
ses sentimens un développement énergique; mais ce n'est pas la meilleure
règle d'instruction. Sans doute c'est
en offrant aux hommes le flambeau
de la vérité, c'est en les éclairant qu'on
sert le mieux leurs intérêts. Si vous ne
leur montrez qu'un côté des choses,
et qu'ils viennent à découvrir celui
que vous voulez leur cacher (ici ils
le découvriront; ils l'ont même déjà
découvert, car sans cela vous n'au-

riez pas de leçons à leur faire), ils seront en droit de se plaindre de ce que vous avez voulu les tromper ; ils vous accuseront de mauvaise foi, et n'auront plus de confiance dans ce que vous leur direz.

Les écrivains moraux ont besoin, pour fixer nos idées, d'un grand caractère d'impartialité et de désintéressement. Dussaulx, par la sorte d'engagement qu'il a pris dès le commencement de son livre, manque une partie des effets qu'il pouvait produire. On prévient, on devine sa pensée ; on va jusqu'à suspecter la vérité de ses tableaux ; ce n'est plus qu'un avocat qui, dans un procès important, rassemble tout ce qui lui paraît favorable à sa cause, crie contre ses adversaires, exagère ses accusations,

ses reproches. On l'écoute; il intéresse; mais pour fixer son opinion,
on attend que ses adversaires lui aient
répondu.

Ainsi, Dussaulx, en voulant trop
prouver les dangers du jeu, a paru
mettre en question une vérité généralement sentie.

Pour prendre plus d'avantage sur
les joueurs, il en a trop simplifié le
caractère, et il a commis évidemment
une erreur, en considérant moins le
jeu comme une de ces passions inhé-
rentes, pour ainsi dire, à la faiblesse
humaine, et qu'il est plus facile d'é-
nerver, de diriger, que de détruire,
qu'en le considérant comme un vice
absolu, déterminé, sur lequel la loi
pouvait avoir une action directe, ou
auquel on pouvait appliquer, comme

à des maux connus, des remèdes généraux. Je ferai voir que le caractère du Joueur, extremement composé, tient à différentes causes qui le modifient et qu'il faudrait connaître, pour être en état d'employer à la guérison du mal des remèdes particuliers.

Mais comment concilier les différentes idées que Dussaulx donne du jeu et des joueurs?

Il dit : « Il s'agit ici d'un vice pur « et sans mélange. Quel joueur a le » droit de s'estimer ? Un joueur ! ce » titre est une insulte ».

Et ailleurs : « La manie du jeu roule » sur trois pivots, la sottise, la fu- » reur et la fourberie ».

Et ailleurs : « On citerait moins de » joueurs sensibles que de bourreaux » compâtissans ».

Et ailleurs :«Les joueurs manquent
» de sensibilité comme de probité. »

Enfin, avec Aristote, il refuse aux
joueurs toutes les qualités du cœur.

Cependant il met au rang des plus
grands joueurs, les hommes doués
de plus d'imagination; et parmi ces
grands joueurs, il cite d'excellens
hommes, tels que Caton, Henri IV,
Montaigne, Descartes, Collardeau et
lui-même.

Il dit aussi que la fureur du jeu,
par un alliage monstrueux, se joint
quelquefois à de grands talens et à
de grandes vertus.

Et il rend encore moins effrayante
la laideur de ses portraits, en obser-
vant que l'ennui fait plus de joueurs
que la cupidité; que le goût du jeu

est quelquefois moins un symptôme de cupidité que d'ambition.

Toutes ces contradictions sont-elles assez évidentes ? Il est vrai que, pour se mettre à l'abri du reproche d'avoir désigné les joueurs par d'odieuses qualifications, il applique, vers la fin de son livre, ce qu'il en a dit aux joueurs de profession ; mais cette explication prudente et tardive est loin d'être satisfaisante. Dussaulx n'ignorait pas que les joueurs de profession n'ont pas de passions, n'ont pas même de caractère, et que cette classe est trop peu nombreuse, trop peu importante, trop peu susceptible d'impressions morales, pour qu'on doive prendre la peine de faire pour elle un gros livre.

Dussaulx, revenant au caractère de

fourberie qu'il attribue injustement
aux joueurs en général, dit : « Vous
» trouverez des joueurs suspects dans
» tous les rangs ; parmi les gens de
» lettres vous ne verrez que des vic-
» times résignées aux caprices du
» sort. »

J'observe d'abord que les joueurs
les plus nombreux, ceux du moins
qu'il faut le plus s'attacher à guérir
de leur frénésie, sont ceux qui jouent
aux jeux de hasard : or, d'après les
précautions prises ordinairement par
les banques, un joueur assez adroit
pour être fructueusement un fripon,
est une exception très-rare ; et encore
une fois ce n'est pas pour ceux qui
vont au jeu, avec l'intention d'y vo-
ler, qu'on fait des traités de morale :
ensuite si, par ces mots *victimes ré-*

signées, Dussaulx a entendu incapables de fourberie, je crois que d'autres rangs ont également cet avantage ; et s'il a entendu, disposées à souffrir la perte avec patience, j'ai remarqué que cette résignation se trouvait plus chez les sots que chez les gens d'esprit, dont l'imagination est plus facile à s'exalter, quoique la réflexion et la philosophie les modèrent ensuite.

Dussaulx a trop confondu les rapports sous lesquels le jeu peut être considéré : il devait sans doute présenter séparément l'influence qu'il a sur les mœurs et sur la fortune publique, et celle qu'il a sur les mœurs et sur la fortune des particuliers ; mais il revient trop fréquemment aux mêmes idées ; ce qu'on peut attribuer au défaut d'ensemble de son ouvrage.

Il me paraît au moins que les parties
en sont trop détachées ; que ses tableaux ne sont pas liés de manière à
soutenir l'intérêt ; que ses raisonne-
mens ne sont pas assez suivis pour
porter dans les esprits cette convic-
tion dont plus de conversions et de
réformes auraient été les résultats.
Sa marche est quelquefois embarras-
sée : on voit qu'il veut dire tout ce
qu'il sait, tout ce qu'il a lu sur les
jeux ; et on peut lui appliquer ce qu'il
a dit de Barbeyrac : « Il s'est jeté trop
» souvent dans des discussions super-
» flues ou étrangères à son sujet ; »
de manière qu'on jugerait difficilement s'il a écrit pour les joueurs ou
pour ceux qui ne le sont pas.

La plupart de ces défauts, cet embarras, ces contradictions ne s'ex-

pliquent-ils pas d'abord par l'incon-
venance de présenter à-la-fois, dans
un ouvrage moral, ce qui devait ne
contenter que la curiosité, avec ce
qui devait servir à l'instruction ? En
outre, l'espèce de nécessité dans laquelle l'auteur s'était mis de rendre
odieux et méprisables les joueurs et
les maisons de jeu, l'obligeait de s'é-
carter de tems en tems de la vérité, à
laquelle la franchise de son caractère
le ramenait bientôt.

Quant aux remèdes, Dussaulx,
après avoir cité une foule de traits
qui semblent en montrer l'inefficaci-
cité; après avoir dit qu'on n'a rien à
attendre des Gouvernemens, « tou-
» jours si pauvres, qu'on ne saurait
» compter sur eux, lorsqu'il s'agit
» d'argent, » ni sur l'expérience, qui

appartient plus à ceux qui méditent
qu'à ceux qui agissent, et qui est toujours impuissante contre le désir et la
séduction, indique cependant quelques moyens de réforme, tels que les
amusemens naturels, la suspension
de la pratique du jeu par un violent
effort sur soi-même, l'exercice de la
bienfaisance, des entreprises labo-
rieuses, le recours dans le sein d'une
sage et prudente amitié. Voilà ce qu'il
conseille aux joueurs eux-mêmes.
Sans doute ces moyens sont salutaires,
et leur indication seule prouve la
bonté, la candeur d'ame de l'auteur,
dans l'ouvrage de qui je ne relève qu'à
regret, parmi des beautés et des vérités du premier ordre, ce que je
regarde comme des défauts ou des
erreurs; mais plusieurs de ces moyens

ne sont-ils pas hors du pouvoir des uns ? Ne sont-ils pas insuffisans pour les autres ? Et qui donnera aux joueurs la force d'exécution sans laquelle la force de volonté n'est rien ? Une grande passion se guérit-elle avec des calmans ? Et si ce joueur croit voir dans ce qu'il va faire un avantage sûr et prochain, l'en détournerez-vous en lui offrant, dans ce que vous lui proposez, un avantage douteux et éloigné ?

Dussaulx expose encore quelques autres moyens de réforme; mais ceux-ci il les fait dépendre de l'autorité. Ce sont les refus d'honneurs et d'emplois aux joueurs incorrigibles, l'obligation aux joueurs fortunés de nourrir des vieillards, des pauvres, des infirmes (je n'ai pas besoin de dire quels maux pourraient résulter de l'erreur ou de la mauvaise foi de rapports faits à l'autorité sur la conduite de particuliers qui d'ailleurs auraient tant de moyens de dérober à ses agens la connaissance de leurs gains ou de leurs excès), la suppression des jeux d'état, l'abolition des priviléges de jeux, la réformation des moeurs, l'éducation.

Les lecteurs ayant de l'expérience et de l'instruction, apprécieront, je ne dirai pas les remèdes découverts, mais les voeux formés par Dussaulx : j'y reviendrai en m'occupant aussi des moyens praticables de réforme ou d'amélioration.

J'ai rempli un devoir pénible en manifestant mon opinion sur l'insuffisance de l'ouvrage de Dussaulx con-

2

tre la passion et les excès du jeu. Je
le répète, je n'en reconnais pas moins
le mérite supérieur de cet ouvrage,
et j'en recommande vivement la lec-
ture aux personnes malheureuses ou
trompées que le jeu entraîne ou sé-
duit. Je n'ai point l'orgueilleuse pré-
tention de le refaire; mais en traitant
beaucoup moins d'objets, et me ren-
fermant dans un cadre étroit, je veux
rechercher s'il n'y aurait pas de nouvelles lumières à répandre sur ce
sujet. D'ailleurs, l'état des jeux n'est
pas aujourd'hui ce qu'il était lorsque
Dussaulx a écrit.

CHAPITRE II.

DU JEU.

LE jeu, fruit de l'amour et du plaisir, et aussi variable, ne fut d'abord qu'un exercice agréable ou salutaire de l'esprit ou du corps; il n'est pas autre chose pour beaucoup de personnes.

Si l'on fait attention à la manière dont se développent les facultés intellectuelles de l'homme ou de tout être vivant, on verra que, presque dès sa naissance, il joue avec des objets purement physiques ou avec des êtres animés : s'il joue avec des objets purement physiques, il ne tarde pas à se lasser de celui qui l'occupe; il le quitte pour en prendre un autre qu'il va quit-

ter à son tour : s'il joue avec des êtres
animés, sur-tout ceux de même nature
que la sienne, son action est plus vive,
sa gaîté plus bruyante, son attachement plus prolongé. Ces mouvemens,
d'abord vagues et irréguliers, lorsque
l'intelligence se forme, et que la joie est
partagée, acquièrent insensiblement
de la règle et de la mesure. L'attrait du
jeu n'est encore que l'attrait du plaisir.
Le talent du joueur est l'habileté, la
ruse, l'adresse ou l'industrie. Le jeu
consiste à faire des sons, courir, s'éle-
ver, atteindre un but, prévenir ou re-
pousser une attaque, saisir promptement un objet idéal ou matériel; enfin,
il se compose suivant le goût de celui
qui s'y livre, et offre presque toujours
une difficulté à vaincre. Un prix est
donné à celui qui l'a vaincue; c'est une

fleur, un fruit, un sourire, un baiser :
ce prix tente celui qui ne l'a point obtenu ; celui qui en a remporté un premier veut en remporter un second ;
l'amour-propre est piqué ; l'émulation
naît et est excitée ; les défis se propo-
sent ; on n'aspire plus après des baga-
telles ; la nature du prix a changé ; celle
du jeu n'a plus la même simplicité : elle
se varie, elle se complique ; les inégalités de force ou de talent, le doute,
les diverses interprétations font naître
les disputes ; l'adresse, l'industrie ins-
pirent du découragement ou de la dé-
fiance ; on leur associe une puissance
aveugle, le sort, qui agit tantôt avec
elles, tantôt sans elles : l'ignorant
s'étonne de son savoir ; le faible de sa
force ; l'infortuné de ses ressources ; le
téméraire de son triomphe. Le joueur,

dans sa joie, croit que le sort a des yeux, puisqu'il le favorise. Bientôt ce tyran, interrogé de toutes parts, rassemble autour de lui la foule de ses favoris, même celle de ses victimes. Ses arrêts sont prompts, ses faveurs faciles. L'ennui, la paresse, l'ambition assiégent ses portes ; et les plus aimables enchanteresses, l'espérance et l'imagination, sont là, qui rassurent les timides, flattent les orgueilleux, consolent les mécontens et ramènent les fugitifs.

Déjà l'ardeur du jeu, celle des passions cupides que la plupart des hommes éprouvent la première, fait naître ou met les autres en mouvement, et le monde habité est infecté d'un vice d'autant plus funeste, d'autant plus contagieux, qu'il s'embellit toujours du nom, de l'éclat et de la séduction du plaisir.

Tels me paraissent être les commencemens, les progrès, les variations de ce qu'on appelle le jeu. Est-il donc nécessaire de fouiller dans les annales de l'antiquité, pour découvrir son origine et étudier son histoire ? Si nous consultons le livre de la nature, qui nous est toujours ouvert, nous ne doutons pas que les passions de l'homme n'aient eu, ainsi que sa figure, dans tous les lieux et dans tous les tems, à-peu-près les mêmes traits, le même caractère. Les différens climats, les lois, les mœurs, les usages, mettent peu de différence dans leur développement, et dans les excès auxquels elles conduisent. C'est un fleuve rapide dont on peut prévenir l'entière

corruption, mais qu'il est aussi difficile d'épurer que d'en arrêter le cours.

Le jeu est pur dans sa source. Mais
de quoi n'abuse-t-on pas! Les excès
ont lieu jusque dans le travail.

« Si la fureur du jeu, dit Dussaulx,
» est universelle en France, c'est parce
» qu'une corruption générale est im-
» punie; c'est parce que l'amour des
» richesses l'emporte sur l'honneur,
» à mesure que les empires vieillis-
» sent (1).

» Le mal existe sans qu'on puisse
» en accuser personne. »

Ce que j'ai dit du développement de
ce goût naturel qui nous porte vers le
jeu, a son application chez les peuples
sauvages comme chez les peuples civi-

(1) Grande vérité par laquelle s'expliquent
les désordres dont nous avons tant à gémir.

lisés.

lisés. Le sauvage, en se mettant à la merci du sort par des règles précises et déterminées, en même tems qu'il prouve son ignorance, prouve qu'il a fait un pas de plus vers la civilisation; et il est aisé de remarquer ici que la passion du jeu réunit la sagacité à l'aveuglement.

Presque partout le jeu a été la représentation des combats. Les hommes, naturellement imitateurs, et enclins à engager des luttes, se dédommagent, dans cette autre guerre, des langueurs d'un honteux repos. On peut régler leurs mouvemens; mais arrêtez-les dans leurs courses!

Ce besoin de jouer qui se manifeste dès l'enfance, et fait contracter de douces et de fatales habitudes, a dans la société bien d'autres effets que ceux qu'on leur attribue. Tous les jeux ne sont pas ceux qui se pratiquent dans les académies, dans les maisons de jeu ; tous les joueurs ne sont pas désignés par ce nom : il s'en trouve ailleurs, en plus grand nombre, qui confient de même au sort leurs plus grands intérêts, et dont les calculs sont aussi faux, les combinaisons aussi absurdes et les espérances aussi chimériques. Une ruine totale, la perte même de la vie, est le résultat fréquent de ces autres jeux : je veux parler de ce que, dans les différens états de la vie sociale, des hommes, égarés par leurs voeux ou leurs désirs, exposent ou sacrifient sans prudence, sans nécessité, ou sans motifs raisonnables, dans la poursuite des faveurs de la gloire, de l'amour et de la fortune.

Dans ces jeux, comme dans les premiers, on est justifié par le succès; et l'opinion, toujours complice des vices heureux, attribue à des calculs plus médités, à une conduite plus sage, ce qui n'est que l'effet d'un hasard favorable ou d'une coupable audace, tandis qu'on condamne et flétrit celui que plus d'ordre et de modération n'a pas garanti des revers du sort.

3*

CHAPITRE III.

Des Joueurs.

LES joueurs n'ont pas un caractère unique, déterminé, susceptible d'être traité avec les mêmes procédés, ou combattu avec les mêmes armes. Leur caractère a des nuances extrêmement variées : en cela ils diffèrent des ava-res, des envieux, des jaloux, des ivrognes, des débauchés, dont la passion ou le vice a un principe connu, ou commun à presque tous.

L'ambition, l'orgueil, la cupidité, l'ennui, le besoin, font des joueurs de différentes espèces.

On joue par caprice ou par systême,

par occasion ou par habitude, aux jeux de hasard ou de commerce.

Les différentes manières de jouer tiennent à la différence des motifs, de l'esprit, du tempérament et de la position des joueurs.

A voir l'audace et le sang-froid des uns, la timidité et la turbulence des autres, on juge aisément si les mêmes leçons ou les mêmes mesures de répression leur conviennent.

Tel n'a joué que quelques jours, et a joué un jeu considérable; tel autre ne peut se priver du jeu un seul jour, qui ne joue qu'un jeu modéré. A qui le nom de joueur convient-il davantage?

Il me semble du moins qu'il n'est pas juste de comprendre sous la même dénomination le goût et la passion, le caprice et l'habitude du jeu.

Je demande si ce sont ceux qui aiment le jeu, ou ceux qui ne l'aiment pas, qui dans la société font exception?

Le nombre des joueurs honteux est plus considérable qu'on ne le croit.

Je rencontre un homme de ma connaissance peu favorisé de la fortune. On parle des jeux de hasard: « C'est » une fureur, dit-il, et on ne songe » pas à y mettre un frein! » Le soir, je le trouve dans une maison particulière. Il jouait à la bouillotte; la cave était de cinq louis.

Il y a de la différence entre le caractère et les procédés des joueurs aux jeux de commerce, et ceux des joueurs aux jeux de hasard.

Il convient aussi de distinguer les joueurs d'habitude et les joueurs de profession. Si on ne sait poser une

ligne de séparation entre les différentes espèces de joueurs, on est exposé à commettre des erreurs et des
injustices.

Des joueurs aux jeux de commerce
peuvent tirer parti de leur expérience,
de leur savoir, de leur finesse; d'autres sont trop légers, trop distraits,
ou d'une ignorance trop présomp-
tueuse pour ne pas donner à ceux-ci
beaucoup d'avantages. Cependant,
comme le hasard y a une part plus ou
moins grande, les plus habiles y sont
quelquefois maltraités; mais ils ne
tardent pas à reprendre leur supériorité. Voilà pourquoi on cite des joueurs
presque constamment heureux; et
ceux qui donnent au goût justifié de
ces joueurs un aliment facile, n'osent
avouer et ne s'avouent pas eux-mê-

mes leur ignorance ou leur faiblesse. Mais imaginez qu'une perfide adresse, qu'une coupable industrie vienne encore seconder l'art et l'expérience, vous connaîtrez mieux les motifs pour lesquels certains hommes font du jeu leur unique occupation. Aussi ce n'est pas aux jeux de hasard que se livrent ces joueurs, dont l'honnête Dussaulx, a fait, avec raison, un épouvantail ; car je ne parle point encore de ces banquiers de société, à qui l'art de mettre en défaut les regards les plus attentifs, réussit d'autant plus, que là on s'en défie le moins : là on craindrait, par une accusation directe, de paraître impudent ou grossier ; et il se trouverait difficilement quelqu'un qui oserait vérifier et constater le délit.

On conçoit que les joueurs de profession ont pour la plupart les doigts agiles, la tête froide, et cette absence de passions favorable aux calculs. Malheureusement ils ne prennent pas le titre de joueurs, et ils souffriraient impatiemment qu'on le leur donnât. Ils sont toujours surchargés d'autres affaires, d'autres soins, et le jeu est le moindre sujet de leur conversation. Ce qui les favorise surtout, c'est qu'il est aisé de les confondre avec ceux qui ne sont que des joueurs d'habitude. Ceux-ci ont besoin de jouer, comme le besoin de manger et de boire : l'heure du jeu est marquée pour eux comme celle de leurs repas, de leur sommeil, de leur dévotion. Il leur arrive souvent de bâiller, de s'assoupir au jeu. Ils jouent à un jeu de hasard comme à tout autre, et ne sont étonnés que du coup qui les ruine sans ressource; c'est leur maison qui vient de s'écrouler. S'ils survivent à cet accident, ils passeront le reste de leur vie à raconter ce qu'il avait d'extraordinaire.

Les grands joueurs, j'entends ceux qui ont la fureur du jeu, sont en général des hommes à caractère et à grandes passions, c'est-à-dire, qu'ils ont le sang vif, la tête sulfureuse, l'âme brûlante, l'imagination exaltée, la sensibilité profonde, et en cela, je ne diffère pas autant qu'on le croirait d'opinion avec Dussaulx, qui, tout en refusant cette qualité aux joueurs, prouve, par beaucoup de traits saillans sur leur compte, qu'ils la possèdent à un degré éminent. Il est vrai qu'un sort très-heureux ou très-malheureux paraît rendre, même rend

quelquefois les hommes insensibles ;
mais l'état d'enivrement ou d'apathie
ne dure pas long-tems, et la nature
ne tarde pas à reprendre son cours et
son énergie.

C'est de la classe de ces joueurs dont
je viens de parler, que sort la plus
grande partie de ceux que la ruine et
le désespoir portent au suicide.

Parmi les hommes de mérite que
présente Dussaulx comme ayant été
de grands joueurs, j'ai déjà nommé
Caton, Henri IV, Montaigne, Descartes, Collardeau, et lui-même, qui
en a fait l'aveu : je dois ajouter les
noms célèbres de Duguesclin, le Gui-
de, Rotrou, Voiture, Cardan, Halli-
fax, Schafsterbury, même du méde-
cin allemand Ponchasius Justus, aussi
auteur d'un livre contre le jeu.

Qu'on ne s'y méprenne pas, quand je dis que les grands joueurs sont des hommes à passions, je ne dis pas que les hommes à passions éprouvent nécessairement celle du jeu. Parmi ces êtres peu communs, il en est qui ont parcouru le cercle entier des passions; il en est dont une seule a consommé la vie entière.

Les états qui laissent le plus de loisir, sont ceux qui fournissent le plus grand nombre de joueurs. C'est parmi les ecclésiastiques que j'ai pris le goût du jeu; c'est parmi les militaires que je l'ai vu régner avec le plus d'éclat. En jouant aux jeux de hasard, ils ne sortent pour ainsi dire, ni de leur profession, ni de leurs habitudes.

Mais quel long chapitre il y aurait à faire sur les joueurs!.....

CHAPITRE IV.

De la fureur du jeu.

LA fureur du jeu a des symptômes effrayans: ils se manifestent, soit lorsque, semblable à une épidém... elle a gagné la majeure partie des habitans d'un pays, dont les jeux de hasard sont devenus la principale occupation ; soit lorsqu'on fait à l'envi des mises de jeu considérables, soit lorsqu'un joueur, irrité de ses pertes, ne suivant plus de règle, et obéissant à une aveugle impulsion, s'expose à perdre en peu de tems tout ce qu'il possède ; soit enfin lorsqu'ayant perdu son argent, on joue ses effets ou autres choses, qui, par leur nature, semblent ne devoir pas être mises à la disposition du sort.

Voilà les abus, les excès du jeu; ceux contre lesquels la raison, l'humanité invoquent des précautions et des mesures, mais qu'il semble qu'aucun pouvoir ne saurait atteindre.

Quoique j'aie déjà mis le lecteur en état d'examiner les déplorables effets de cette fureur, je vais tâcher de les rendre plus sensibles par des exemples, en jetant, avec Dussaulx et d'autres écrivains philosophes, un coup-d'œil rapide sur ce qui a signalé la passion du jeu en différens lieux et en différens tems.

Chez les Gentous, le plus ancien des peuples connus, le jeu avait causé un tel désordre, qu'il fut nécessaire de faire des lois pour en réprimer les excès. Un magistrat était payé pour surveiller les rendez-vous de jeu ; il avertissait des fautes, et faisait couper les doigts aux prévaricateurs.

Les Romains, même dans l'état républicain, qui suppose des vertus plus pures, ont été des joueurs déterminés. Ovide, en parlant des joueurs qu'il avait vus en action, dit : « On » sèche de désir, on frémit de colère, » on se meurt de rage. Que d'injures! » Quels cris! Les malheureux! ils » invoquent les dieux! »

On lit dans Juvénal : « On ne se » contente pas de porter sa bourse » au lieu de la séance, on y traîne » son coffre-fort.

» On perd cent mille sesterces, et » on ne peut vêtir un esclave!

» Tous, jusqu'à la populace, sont
» en proie à la fureur du jeu. »

On lit dans Tacite : « Quand les
» Germains s'étaient ruinés au jeu,
» ils se jouaient eux - mêmes. Le
» vaincu, quoique plus jeune et plus
» fort, se laissait garotter et vendre. »

Saint-Ambroise nous apprend que
chez les Huns, peuple grossier, mais
fidèle à sa parole, celui qui jouait sa
vie et la perdait, se tuait quelquefois,
malgré son vainqueur.

Les nègres de Juida, les Chinois,
les Vénitiens jouaient leurs femmes
et leurs enfans.

Les Indiens jouaient jusqu'aux
doigts de leurs mains, et s'ils les perdaient, ils se les coupaient eux-mêmes.

En Russie, on joue ses esclaves. Il
n'est pas rare de voir, soit à Moscow,
soit

soit à Pétersbourg, de pauvres familles appartenir successivement à
dix maîtres en un jour.

A Naples, et dans divers endroits
d'Italie, les bateliers jouent leur liberté pour un certain nombre d'années.

Aucun peuple n'a porté plus loin
la manie du jeu que les Anglais. Chez
eux, c'est presque l'esprit national.
Leurs factions, leurs affaires, leur
commerce, ils ont tout mis en jeu,
tout soumis au calcul. Navigateurs
insatiables, dit Dussaulx, ils se sont
familiarisés avec les dangers et le hasard. Excepté quelques philosophes
et quelques-unes de ces ames que la
contagion ne saurait infecter, le reste
n'a étudié ses devoirs que sur des
tables de probabilités, dressées pour

apprendre à faire des fortunes rapides.

Mais, depuis le commencement de notre monarchie, nous n'avons guères, sur cet article, montré plus de raison et de sagesse.

On voit dans nos annales, que ces seigneurs hautains et fainéans qui ne savaient guères que tourmenter leurs vassaux, boire et se battre, étaient pour la plupart des joueurs effrénés; qu'ils bravaient impunément la décence et les lois. Le frère de Saint-Louis jouait aux dés malgré les défenses réitérées de ce prince vertueux. Duguesclin lui-même perdit, dans sa prison, tout ce qu'il possédait; le duc de Touraine, frère de Charles VI, *se mettait volontiers en peine*, dit Froissard, *pour gagner l'argent du*

Roi. Transporté de lui avoir gagné cinq mille livres, son premier cri fut : *Monseigneur, faites-moi payer.*

On jouait dans les camps et en présence de l'ennemi. Des généraux, après avoir ruiné leurs propres affaires, ont compromis le salut de la patrie.

Philibert de Châlons, prince d'Orange, commandant au siége de Florence pour l'empereur Charles-Quint, perdit l'argent qui lui avait été compté pour la paye des soldats, et fut contraint, après onze mois de travaux, de capituler avec ceux qu'il aurait pu forcer.

On parle dans le manuscrit d'Eustache Deschamps, d'un hôtel de Nesle, fameux par de sanglantes catastrophes : des acteurs y ont perdu, les uns la vie, les autres l'honneur.

Sous Henri II, dit Brantôme, un capitaine français, nommé la Roue, jouait cinq à six mille écus d'un coup; ce qui alors était exorbitant. Il proposa de jouer vingt mille écus contre l'une des galères de Jean-André Doria.

Un fils naturel du duc de Bellegarde fut en état de lui compter, sur ses gains, cinquante mille écus pour s'en faire reconnaître juridiquement. Il est vrai que la plus forte partie de cette somme avait été gagnée en Angleterre.

Le peuple s'essayait déjà. Des fripons s'étant concertés avec des Italiens qu'ils avaient appelés à leur aide, gagnèrent trente mille écus à Henri III, *qui avait*, dit un journaliste, *dressé en son Louvre un déduit de cartes et de dés.*

C'est surtout sous notre bon Henri IV, qui, jeune encore et peu fortuné, empruntait, pour jouer, de l'argent à tous ceux qu'il croyait de ses amis, que la fureur du jeu a éclaté. Qu'on en juge par quelques traits. En une année, Bassompierre gagna cinq cent mille livres, Pimentel deux cent mille écus; et le duc de Biron perdit seul plus de cinq cent mille écus. Qu'on considère le prix que l'argent avait alors.

Henri IV, dit Péréfixe, n'était pas beau joueur, mais âpre au gain, timide dans les grands coups, et de mauvaise humeur dans la perte. Comme les joueurs vulgaires, il jouait tantôt avec audace, tantôt avec faiblesse. Le duc de Savoye jouant avec lui et sachant qu'il aimait à gagner, dissimula son jeu, et, par politique, renonça volontairement à quatre mille pistoles.

On ne l'abandonnait pas impunément lorsqu'il perdait.

L'amour même ne pouvait le distraire de sa malheureuse habitude. On lui annonce qu'une princesse qu'il aimait va lui être ravie : « Prends » garde à mon argent, dit-il à Bas- » sompierre, et entretiens le jeu pen- » dant que je vais savoir des nou- » velles plus particulières. »

Lorsque, sous son règne, la Nation, long-tems agitée par la guerre civile, put enfin se reposer au sein de la paix, presque toutes les professions éprouvèrent la fureur du jeu. Des

magistrats vendaient la permission
de jouer. Les joueurs avaient à la
cour un grand crédit, et jouissaient
de priviléges particuliers.

Paris se remplissait de joueurs : il
s'y forma, pour la première fois, des
académies de jeu, où *la bourgeoisie,*
les artisans et le peuple se précipi-
taient en foule. Tous les jours il y
avait quelqu'un de ruiné.

On rapporte que Louis XIII, celui
de nos Rois qui a le plus sévi contre
le jeu, aimait tant les échecs, que
pour qu'il n'y eût pas de tems perdu,
et qu'il pût y jouer en voiture, on
fit pour lui ce qu'on avait fait pour
l'empereur Claude : on plaça dans sa
voiture un échiquier bourré, sur lequel s'adaptaient les pièces montées
sur des aiguilles.

Mazarin, dit l'abbé de St.-Pierre, introduisit le jeu à la Cour de Louis XIV en 1648. Il engagea le roi et la reine régente à jouer, et l'on préféra les jeux de hasard. Le jeu passa de la Cour à la ville, et de la capitale dans toutes les petites villes de province.

Dès-lors on ne vit que des joueurs d'un bout de la France à l'autre; ils se multipliaient rapidement dans toutes les professions et même dans la robe, qui se piquait encore d'une certaine décence.

Le cardinal de Retz rapporte dans ses Mémoires, qu'en 1650, le magistrat le plus âgé du parlement de Bordeaux, et qui passait pour être le plus sage, ne rougissait pas de risquer tout son bien dans une soirée, et cela, ajoute-t-il, sans que sa réputation en en souffrît, tant cette fureur était générale !

Les États n'offraient plus, lorsqu'ils étaient convoqués, que des assemblées de joueurs.

« J'ai vu, dit madame de Sévigné,
» mille louis répandus sur le tapis; il
» n'y avait plus d'autres jetons; les
» poules étaient au moins de cinq, six
» ou sept cents louis, jusqu'à mille,
» douze cents.... On joue des jeux immenses à Versailles.... Le *hoca* est
» défendu à Paris, *sous peine de la*
» *vie, et on le joue chez le roi.* Cinq
» mille pistoles avant le dîner, ce n'est
» rien. C'est un vrai coupe-gorge! »

Dans les soupers clandestins et dans les maisons de campagne du surintendant Fouquet, vingt joueurs qualifiés, tels que les maréchaux de Richelieu,

5

de Clairembaut, etc., se rassemblaient avec un peu de mauvaise compagnie, pour y jouer des terres, des maisons, des bijoux, et jusqu'à des points de Venise, jusqu'à des rabats; on s'y avilissait au point de circonvenir quelques dupes opulentes, toujours invitées les premières.

Les trois quarts de la nation ne soupirèrent plus qu'après le jeu, qui, lui-même, devint un objet de spéculation pour le gouvernement.

On connaît le fameux jeu auquel Law, joueur étranger, devenu contrôleur général, entreprit de faire jouer la nation, sous la minorité de Louis XV. On sait comme il séduisit ceux même qui s'étaient garantis de l'épidémie des jeux de hasard.

Vers le même tems, des ministres

et des magistrats permirent des jeux publics, parmi lesquels on distingue ceux des hôtels de Gesvres et de Soissons, où l'on a tant fait de victimes.

C'est là que le jeu de la roulette a paru pour la première fois en France, les joueurs de bonne foi ayant enfin voulu jouer à un jeu où ils pouvaient hasarder leur argent en toute sûreté. En effet, il n'y a pas de jeu où les chances soient plus égales (je ne parle pas de l'avantage du banquier).

« Nous avons encore, dit Dussaulx, qui m'a fourni presque tout ce que je viens d'exposer, indépendamment de cent maisons connues où l'on se ruine tous les jours, dix fois plus de réduits subalternes que l'on n'en comptait sous Henri IV, sous Louis XIV et du tems de la régence. »

5 *

On ne rougit plus, à l'exemple de Caligula, de jouer au retour des funérailles de ses parens ou de ses amis.

La plupart de ceux qui vont aux eaux sous prétexte de santé, n'y cherchent que des joueurs.

Aux États, c'est moins l'intérêt du peuple qui rassemble une partie de la noblesse, que l'attrait d'un jeu terrible.

Tout est en feu au moment où j'écris, ajoute Dussaulx; sans parler des bassesses, depuis deux jours je compte quatre suicides et un grande crime.»

Louis XVI n'aimait pas le jeu. On profitait de son absence pour se livrer à la Cour aux jeux de hasard : on y jouait sur-tout le pharaon et le biribi. Il aurait été extraordinaire qu'au milieu de la corruption des mœurs, corruption que ce roi vertueux n'a jamais encouragée par son exemple, l'épidémie du jeu ne se fût pas fait sentir. On jouait gros jeu chez des financiers, des grands seigneurs, des ambassadeurs étrangers, et chez quelques princes. La police autorisait ces jeux, moyennant dix louis par maison.

A l'hôtel d'Angleterre, tripot des plus fréquentés, les jeux de commerce étaient encore plus dangereux que les jeux de hasard. De ceux-ci, on n'y a guère joué que *la belle*.

Madame de Polignac rassemblait chez elle les personnes de distinction les plus atteintes de la fureur du jeu.

On faisait des mises considérables au trente-un, qui se jouait chez la respectable et trop malheureuse princesse de Lamballe; elle avait la faiblesse d'y faire une martingale de cent louis.

On jouait aussi le plus gros jeu chez la maréchale de Luxembourg, le duc de la Trimoille, etc.

Il y avait un certain nombre d'hommes habiles à diriger les jeux qui, au premier mot, se rendaient dans les maisons où ils étaient demandés, avec les ustensiles de jeu et les fonds nécessaires. A la Cour, c'était toujours les mêmes : on les appelait *banquiers de société suivant la Cour.*

Dans quelques maisons de jeux les mieux famées, on jouait le biribi, le pharaon, le passe-dix, le pair et l'impair, et le creps.

Il ne faut pas confondre ces maisons avec les obscurs tripots, domaine particulier de quelques inspecteurs.

Le lieutenant de police appliquait
la rétribution de ces maisons de jeu
au soulagement de familles pauvres,
mais honnêtes; et au soutien d'établissemens de bienfaisance, tels que
l'hospice des chevaliers de St.-Louis,
à la barrière d'Enfer.

Mais le centre des excès du jeu se
trouvait chez le dernier duc d'Orléans,
tantôt à son palais, tantôt à sa jolie
retraite de Mousseaux. Les étrangers
de distinction, de grands seigneurs,
des financiers, des commerçans, en
un mot, tous les gens à argent, étaient
recrutés pour ces parties, où l'on assure qu'à l'insu du prince ne ré-
gnaient pas une exacte probité et une
extrême délicatesse. Des Anglais y
étaient le plus remarqués. Les pertes
considérables qui s'y faisaient la nuit,

étaient le jour le sujet des conversations.

Ces parties n'avaient plus lieu, lorsqu'on établit, au Palais-Royal, une maison de jeu de hasard autorisée par la police. Là, de nombreuses victimes ont encore été dépouillées.

Jusqu'au 10 août 1792, la plus brillante et la plus forte partie des jeux de hasard était à l'hôtel Massiac, place des Victoires. Là se rendaient les membres les plus marquans de l'assemblée constituante, et des personnes connues par leur opulence.

Vers ce tems, la police municipale autorisait des jeux au cirque du Palais-Royal, dans quelques autres parties de ce palais, et dans divers quartiers de Paris.

Le jeu n'avait jamais causé plus de

ravages dans Paris que dans les deux
années qui ont précédé le 10 août;
mais avant le 9 thermidor, c'est-à-
dire, sous le règne affreux de la terreur, sa fureur a paru céder à des
fureurs plus sanglantes.

Dès l'hiver de l'an 3, il a repris une
activité effrayante.

Je borne à cette époque le tableau
des principaux désordres attribués à
la passion du jeu, laissant à d'autres
le soin de porter dans les esprits une
terreur salutaire, par le récit de suicides et d'autres accidens, résultats
inévitables de ces excès. Je ne pourrais signaler les traits qui, depuis ce
tems ont caractérisé la fureur des
jeux de hasard, sans accuser ou affli-
ger des personnes encore vivantes,
ce qui est loin de mon esprit et de
mes intentions.

CHAPITRE V.

De la théorie des jeux de hasard.

CES vœux, ces espérances qui guident et animent les joueurs dans la poursuite des faveurs de la fortune, sont-ils donc sans fondement ? La recherche de la vérité, les efforts de la raison, les lumières, la prudence, ne peuvent-ils procurer des avantages certains dans les jeux de hasard? Voilà ce qu'il me convient le plus d'examiner, car si des bénéfices assurés peuvent être le résultat de calculs et de combinaisons, la conduite des joueurs instruits est presque justifiée; et si ni lumières, ni calculs, ne peuvent rendre le sort plus favorable aux joueurs qui les possèdent, qu'à ceux qui ne les possèdent pas, il résultera de cette certitude, ou de cette vérité démontrée, que la pratique du jeu dans l'espérance du gain, est une folie à la fois des plus ridicules et des plus funestes.

Il est incontestable que, dans les jeux mêlés de science et de hasard, un joueur peut avoir pour lui la faveur des chances.

« Un joueur habile, dit l'abbé Du-
» bos, pourrait faire tous les jours un
» gain certain, en ne risquant son
» argent qu'aux jeux où le succès dé-
» pend plus de l'habileté des tenans,
» que du hasard des cartes et des
» dés ».

Aussi c'est à de pareils jeux que se livrent le plus ceux qu'on nomme *joueurs de métier*, ou ces hommes dits de *bonne compagnie*, qui veulent au moins tirer parti de leur réputation. (Il ne manque à cette conduite que la moralité). C'est pour l'instruction d'élèves dans ces jeux qu'on a multiplié les méthodes et les traités.

Les gens honnêtes qui aiment à intéresser leur jeu, font donc très-bien, s'ils ne veulent pas être dupes, de ne s'engager que dans des parties où la probité et l'égalité de talent puissent au moins être présumées.

Quant aux jeux de pur hasard, pour savoir s'il y a une manière plus ou moins avantageuse d'y engager son argent, indépendamment de ce qu'on livre aux profits de la banque, je n'aurais pas eu besoin de recourir à des études mathématiques, et de consulter les auteurs qui ont écrit sur cette matière; la seule dénomination de *jeux de hasard* suffit pour dispenser d'une pareille recherche; elle exclut toute idée de science et de calculs; mais j'ai été curieux de connaître par quels moyens on était parvenu à faire croire qu'il était possible de fixer l'inconstance du sort, et de donner l'existence au néant.

J'ai donc jeté un coup-d'œil sur quelques écrits des auteurs qu'on cite le plus en faveur de cette singulière doctrine. Nommer les célèbres mathématiciens Pascal, Bernouilli, Mont-Mort, d'Alembert, Fermat, Euler, Ozanam, c'est dire que le charlatanisme avec lequel on annonce la solution de leurs problèmes, ne peut être mis que sur le compte de leurs

éditeurs. Les écrits de peu de ces auteurs ont ce caractère : on trouve
dans leurs ouvrages des recherches
savantes et curieuses sur les jeux :
ils ont fait la décomposition et l'analyse des plus connus, et en ont pré-
senté les résultats; mais il est aisé de
se convaincre qu'ils n'ont eu pour
but, dans leurs travaux, que d'établir les rapports du joueur avec le
joueur dans des chances inégales, ou
du joueur avec le banquier dans les
avantages accordés à celui-ci. Pour
cela, ils ont fait l'énumération des
différentes combinaisons résultantes
des différentes manières de faire ses
mises et ses paris; ils ont déterminé
les proportions dans lesquelles les
paiemens devaient se faire; ils ont dit
ce qui rendait égales ou inégales les

conditions des joueurs dans les diverses conventions du jeu, ils ont même indiqué, d'après des mises faites, les degrés de probabilités de la perte et du gain.

Voici, par exemple, un des problèmes qu'ils exposent.

« Lorsqu'on joue à croix ou pile, la probabilité que croix ou pile arrivera sur un coup, est égale à $\frac{1}{2}$. Il y a également à parier pour ou contre; mais si l'on joue deux coups, et que quelqu'un parie un écu d'amener croix les deux coups, quelle somme son adversaire doit-il mettre au pari, pour que la condition des joueurs soit égale »?

Voici un autre de leurs problèmes:

« Dans une partie liée, un des joueurs a gagné une partie; on propose de quitter ; la mise de chaque joueur est d'un écu : quel est le droit sur le fond du jeu de celui qui, sur trois parties, a gagné la première » ?

De problèmes simples et faciles à résoudre, les mathématiciens passent à d'autres plus difficiles ; les chances se varient, se multiplient : les combinaisons se compliquent, et vous vous égarez dans un labyrinthe de calculs, si vous quittez un instant la ligne que vous a tracée l'esprit d'analyse.

Peu de joueurs sont capables de se livrer à des études aussi abstraites ; et, ne nous y trompons pas, le seul fruit qu'on peut en retirer est d'apercevoir dans le jeu ou dans la condition des joueurs, c'est-à-dire, dans les mises et dans les paiemens, des disproportions dont ils seraient dupes, ou enfin de

connaître

connaître les moyens de diminuer à plusieurs de ces jeux, l'avantage du banquier.

Mais comme en général les jeux qui se jouent par entreprise sont calculés de manière que le plus grand avantage est toujours pour le banquier, la connaissance de cette vérité ne peut être utile qu'à ceux qu'elle porte à renoncer à ces jeux ; car lorsque votre mise est faite, à quoi vous servirait de savoir que si telle carte sort, ou si les dés donnent tel nombre, ou si la boule tombe sur tel numéro, telle devra être votre condition comparativement à celle de la banque ? Irez-vous reprocher au banquier de ne pas payer votre gain en proportion de la perte à laquelle vous étiez exposé ?

Il est bon cependant de savoir dis-

6

tinguer les inégalités de chances qui résultent de la nature même du jeu, indépendamment de l'avantage du banquier, et celles qui ne résultent que de cet avantage; car alors on peut ne jouer qu'aux jeux qui n'ont que cette défaveur, ou on profite de la connaissance qu'on a des autres inégalités pour rendre son sort préférable à celui de son adversaire.

Les jeux qui ont d'autres chances inégales que celles qui font l'avantage de la banque, ne sont point des jeux de pur hasard : c'est dans les sociétés particulières que ces autres jeux se jouent le plus et font le plus de victimes ; mais je ne considère ici que les jeux de hasard, tels qu'ils se jouent dans les maisons de jeu.

L'avantage de la banque étant différent pour les différens jeux, c'est aux joueurs, s'ils sont susceptibles de prudence, à préférer ceux qui donnent à la banque le moindre avantage; mais cet avantage que nécessitent pourtant les dépenses et les frais d'administration, est désastreux pour les personnes qui jouent fréquemment ou long-tems de suite. En effet, je suppose que l'entreprise des jeux ait le droit de deux pour cent sur l'argent exposé au tapis, en prenant le terme moyen de son avantage aux différens jeux qu'elle fait jouer, celui qui joue un écu de cinq francs chaque coup, après cinquante coups, a nécessairement donné son écu à l'entreprise; et à ces jeux cinquante coups sont joués en bien peu de tems.

J'invite les joueurs à porter toute leur attention sur cette vérité simple et aussi facile à saisir que cette autre vérité de calcul, *un et un font deux*. Elle est seule l'arrêt de leur ruine ; et ce triste résultat de l'avantage inévitable de la banque, est ce que présente de plus clair et de plus certain la solution des problêmes des célèbres mathématiciens que j'ai nommés.

On chercherait inutilement dans leurs écrits des règles et des méthodes pour obtenir un gain assuré, même des probabilités de gain aux jeux de hasard, dont les chances sont égales.

Cependant on voit de tems en tems paraître de petits livrets dont le titre annonce qu'on a enfin trouvé le moyen d'enchaîner le sort aux jeux de hasard, sur-tout à la roulette et au trente-un. Ceux de ces ouvrages qui ne vous offrent pas des certitudes de gain, vous offrent au moins des probabilités.

Ces petits livrets sont écrits avec une risible assurance : tout y est en assertions, rien en preuves. On y indique, par des colonnes de chiffres, la manière de faire ses mises ; on vous dit gravement que tel numéro amène tel autre ; on vous conseille de ne pas mettre sur telle chance, parce qu'elle est ingrate ; et on vous met à portée de vérifier la justesse de ses combinaisons, en vous renvoyant à des tableaux qui contiennent la série des numéros sortis ou des cartes tirées pendant de nombreuses séances, où l'on a eu la patience de les recueillir, au lieu de les écrire chez soi en un instant, ce qui serait revenu au même.

Il n'est pas besoin de dire que le style de ces petites brochures répond à la justesse et à la lucidité des idées. On reproche à leurs auteurs de ne point mettre à profit, pour eux-mêmes, ces secrets de fortune ; mais pour ne point trop m'écarter du ton qui convient à mon sujet, j'avoue que, soupçonnant à ces prétendus écrivains plus de besoins que de malice, je crois qu'ils sont moins dignes de mépris que de pitié.

Je déclare ici que les joueurs qui fondent des soupçons ou des espérances sur des inégalités ou des erreurs, dans la combinaison de chances des jeux de hasard auxquels font jouer les banques publiques, se trompent également : l'usage n'a consacré, pour ainsi dire, ces jeux, que parce qu'ils sont calculés dans une exacte proportion, et indépendamment de ce qui forme l'avantage de la banque, qui peut en être facilement distrait. Ils sont, s'il m'est permis de hasarder cette définition, la mise en action de vérités de calcul mathématiquement démontrées. Séparez-en l'avantage de la banque, je donne publiquement le défi aux plus habiles calculateurs de prouver qu'aucune manière d'engager son argent, que des mises faites dans un ordre progressif ou diminutif, simples ou compliquées sur différentes chances, puissent rompre cette égalité, et donner aux joueurs le moindre avantage.

« Les conjectures des joueurs, dit » Dussaulx, portent sur le néant ».

Des listes de perte et de gain, faites par des joueurs, avaient convaincu cet excellent observateur, qu'aux jeux de hasard il n'y a point de fortunes qui ne s'épuisent en peu de tems.

Lorsqu'il reste aux hommes quelque raison, ils doivent s'en servir pour régler leurs actions sur ce qui leur paraît utile ou préférable.

Que les joueurs tâchent donc de donner à la réflexion sur la nature et les effets du jeu, une faible partie du tems qu'ils destinaient à sa pratique! Que sur-tout ils ne soient pas dupes des noms! On parle dans l'Encyclopédie méthodique d'un jeu de dés appelé *la parfaite égalité*. A ce jeu, six chances, qui sont celles de raffles, font perdre le banquier; et quatre-vingt-

vingt - dix autres, qui sont les dou-
blets, le font gagner.

Ainsi, dans le cours de deux cent
seize coups, où les pontes auront mis
un écu sur chaque case, le banquier devra, toutes choses égales,
perdre trente écus, et en gagner
quatre-vingt-dix.

Son bénéfice sera donc de soixante
écus. Qu'on juge de la chose par le
nom!

⁓⁓⁓⁓

CHAPITRE VI.

Des Illusions des Joueurs.

Lorsqu'on pense qu'il est aussi impossible de trouver le moindre moyen, la moindre probabilité de gain à un jeu dont les chances pour le gain et pour la perte sont parfaitement égales, qu'il est impossible de tracer sur l'eau des caractères, ou de construire une maison dans l'air, lorsqu'on pense que cette égalité de chances n'est jamais rompue qu'en faveur de celui qui tient le jeu, et dont l'avantage suffit pour opérer la ruine du joueur d'habitude, on ne conçoit pas l'empressement avec lequel des personnes, qui ne sont pas dépourvues de raison, vont ainsi exposer leur fortune, troubler leur repos, user leur tems et leur esprit, en un mot, consumer toutes leurs facultés physiques et morales. Imaginez un homme qui sort de chez lui avec tout ce qu'il possède d'argent, et le joue à croix ou pile contre pareille somme que met au jeu un premier venu, ne le croiriez-vous pas atteint de folie? Eh bien, voilà en beau l'histoire de tous les joueurs. Et n'est-ce pas ce qu'un joueur pourrait faire de mieux? Ici il n'y a pour lui aucune perte de tems; il s'épargne de longues transes et une pénible contention d'esprit; il est bientôt délivré de l'incertitude, le plus cruel de tous les états. Ici le jeu est égal, et on n'a pas contre soi un avantage ruineux.

Faisons une autre observation.

L'amour, le vin, la table, les jeux d'exercice, affectent du moins agréablement les sens, et si leurs excès nous causent aussi de grands maux, nous jettent dans de grands désordres, ce n'est qu'après nous avoir procuré des plaisirs : il n'en est pas ainsi des jeux de hasard, et, pour s'en convaincre, il suffit de jeter un coup-d'œil sur les figures groupées autour d'une table de roulette ou de trente-un. J'invoque le témoignage des joueurs ; le gain même donne de la gravité, et laisse une vague inquiétude : on n'est point ainsi lorsqu'on tient dans sa main le prix de son travail.

Comment ce fait-il donc que la cupidité, qui donne de l'esprit aux plus sots, aveugle ici les hommes qui ailleurs montrent le plus de lumières et de finesse ? Et quel est donc ce charme puissant qui attire dans un précipice ceux-même qui en connaissent toute la profondeur ?

Je reconnais là un des effets les plus merveilleux de l'imagination : oui, c'est l'imagination, trompée par tout ce qui est capable de la séduire, qui nous fait voir les choses moins telles qu'elles sont, que telles que nous désirons qu'elles soient ; et c'est le plus souvent le besoin d'être remué, d'être jeté, pour ainsi dire, hors de soi par de fortes sensations, qui nous fait obéir à l'impulsion donnée par notre imagination, et rechercher une position qui, par son attrait et son danger, met en mouvement toutes nos facultés.

« En général, le jeu nous plaît, dit
» Montesquieu, parce qu'il attache
» à l'espérance d'avoir plus; il flatte
» notre vanité par l'idée de la préfé-
» rence que la fortune nous donne,
» et de l'attention qu'ont les autres
» sur notre bonheur; il satisfait no-
» tre curiosité, en nous procurant un
» spectacle; il nous donne les diffé-
» rens plaisirs de la surprise. »

On ne peut caractériser l'amour
du jeu d'une manière plus vraie, plus
piquante et plus précise. Voilà bien
la manière des grands maîtres. Je vais
tâcher de donner du mouvement à ce
caractère.

L'ardeur du jeu vous presse : il n'y
a qu'un instant vous éprouviez un
mal-aise, une anxiété dont vous vou-
liez être délivré; vous aviez pensé à

une situation dans laquelle vous vous
trouveriez beaucoup mieux : ce mal-
aise, c'était ou le poids de l'ennui, ou
celui du besoin, ou le désir importun
de jouissances que vous ne pouvez
vous procurer : cette meilleure situation, c'est le jeu ; car lorsque vous
serez au jeu, vous aurez bientôt ce
qui vous manque. Vous y voyez d'ailleurs une agréable distraction ; vous
êtes frappé par l'idée d'un succès peu
ordinaire ; vous calculez déjà les heureux effets de votre savoir et de votre
prudence : si vous aviez en votre pouvoir une ressource plus sûre contre
l'ennui, ou plus conforme à la nature
de vos vœux, vous l'adopteriez de
préférence.

Cependant vous êtes loin du lieu où
vous pourrez essayer des parolis et des

martingales , que vous avez négligés jusqu'ici , et que vous avez vu réussir à d'autres. Qu'importe? la route s'abrège par vos réflexions sur votre prochain bonheur , et par l'emploi idéal des bénéfices que vous allez faire.

Vous rencontrez un ami , confident ordinaire de vos projets : il trouve que vos calculs manquent de base , et ne se rapportent à rien ; mais quel est le joueur qui ne repousse pas, comme les efforts d'un démon jaloux de son bonheur , toute idée qui contrarie ses espérances ? Est-il possible d'ailleurs que ce que vous désirez si fortement, ayant pris dans votre tête ardente le caractère de la certitude, ne vous paraisse pas infaillible? Vous quittez votre ami pour aller donner par le fait un démenti à son opinion. Enfin vous respirez l'air qui vous est favorable ; vous êtes aux salons de jeu : l'accueil qu'on vous y fait vous semble d'un bon augure; tout vous y sourit ; vous y souriez à tout. La brillante lumière que des lustres nombreux répandent dans toutes les parties de ces salons dorés, les valets qui s'empressent de venir vous offrir leurs soins , ces monceaux d'or et d'argent dont des joueurs, habiles sans doute, attirent à eux des débris, l'absence totale des images de gêne et de misère, cet air de fête, cette aimable hilarité qui épanouit toujours le visage des joueurs aux commencemens des parties, tous les objets enfin prennent à vos yeux une teinte douce et flatteuse. Votre esprit, déjà calmé, se repose mollement dans la contempla-

tion des tableaux de jeu ; votre œil
est récréé par la variété des chances
qu'ils présentent. Quelle abondante
moisson est offerte à l'art des combinaisons! Vous ne pouvez vous défendre d'une émotion légère, mais vous
vous gardez de montrer un empressement qu'on prendrait pour de l'a-
vidité. Vous êtes un instant témoin
de la lutte qui vient de s'engager au
trente-un entre les pontes et le banquier. — Oh ! quelle faute, dites-vous
en vous-même, vient de faire cette
dame en mettant dix louis sur la couleur qui a passé sept fois! Il est bon
de mettre sur la gagnante ; mais au
huitième coup, quelle folie ! Cette
dame gagne ; vous en êtes étonné ; elle
fait paroli ; vous haussez les épaules :
elle gagne et laisse tout au jeu ; elle

réussit encore. Alors elle retire, avec sa mise, son bénéfice de soixante-dix louis : vous ne lui reprochez pas moins d'avoir joué contre toutes les règles et toutes les probabilités. Au coup suivant la couleur perd. « Voyez, lui » dites-vous, ce qui vous serait ar- » rivé si vous aviez fait un pas de » plus ! — Oh ! je m'en étais douté, » vous répond-elle, mes pressenti- » mens ne me trompent guères. »

Vous portez votre attention sur un joueur qui attendait ce moment pour commencer une martingale à la con- tre-couleur : vous êtes tenté de jouer le même jeu, mais vous vous êtes fait la règle de ne vous engager que sur la noire, et lorsque la rouge aura pas- sé cinq fois ; vous savez que rien ne porte plus malheur au jeu que de ne

pas tenir à sa première idée. « Ce mon-
» sieur, dit un voisin, est le joueur
» le plus sage que je connaisse ; il ne
» manque jamais son coup, et se re-
» tire chaque jour avec une vingtaine
» de louis de bénéfice. »

Cependant la couleur sort six fois ;
le martingaleur saute. « Ma faute,
» dit-il, est de n'avoir pas pris plus
» d'argent sur moi. »

Tandis que vous vous applaudissez
d'avoir su résister à la tentation, un
autre joueur murmure. « Je ne perds,
» dit-il, que dans cette infernale mai-
» son. » Puis reprenant sa sérénité :
» Je suis sûr d'être plus heureux dans
» une autre ; » et il sort. « Il n'est point
» étonnant qu'il ait perdu, » observe
un homme âgé, à qui l'on attribue une
longue expérience du jeu ; » il s'ob-

» stine à suivre une chance qui, de-
» puis quinze jours, n'a réussi à per-
» sonne. »

Enfin la rouge a passé cinq fois :
vous commencez vos parolis; mais
les intermittences durent un quart-
d'heure; mais le refait du trente-un
est fréquent : vous renoncez aux parolis, et augmentant vos mises, vous
ne jouez plus que sur la rouge. Il vient
une longue série de noires. Dix fois
vous vous êtes dit: *La prudence veut
que je me retire ;* des combinaisons
qui vous ont paru plus sûres, vous
ont tenu enchaîné au jeu: vous êtes
d'ailleurs encouragé et consolé par
les éloges de vos voisins, qui, applau-
dissant à la manière dont vous avez
coutume de faire vos mises, rejettent
vos pertes sur une fatalité dont il y a

peu d'exemples. Rien ne vous réussit.
Vous remarquez dans la foule une figure qui vous paraît sinistre; vous
donneriez une partie de ce qui vous
reste pour être débarrassé de cette
vue qui vous occupe malgré vous, et
à laquelle vous attribuez toutes les
fautes que vous avez faites. Incapable
de réflexions, vous jouez sans plan,
sans ordre : alors tout vous prospère;
vos fonds sont rentrés; ils se doublent;
c'est l'instant de la retraite. En vous y
disposant, vous promenez d'un air a-
vantageux vos regards sur la galerie,
étonnée sans doute de l'habileté avec
laquelle vous avez su faire fléchir le
sort; vous croyez lire sur tous les vi-
sages que la joie de votre triomphe
est partagée, elle en devient plus
vive.

En vous retirant, vous traversez
une salle de roulette. Un homme qui
vous a toujours porté bonheur, vous
salue et vous attire auprès de lui :
vous lui annoncez votre gain et votre
intention de vous y tenir. Cependant
d'heureuses tentatives de quelques
joueurs vous rappellent votre plan
favori de martingale. Après quelques hésitations, vous en faites l'es-
sai aux petits écus : vous avez pour
vous les cinq-sixièmes des numéros ;
mais votre martingale est déjà portée
assez haut pour que vous ayez sur
le tapis toute la somme que vous avez
gagnée au trente-un. Les zéros tombent ; la terreur s'empare de vous :
vous avez dans la main, pour un dernier coup, tout l'argent que vous avez
apporté au jeu ; vous n'osez vous en

dessaisir : la boule se câse; vous auriez gagné ; votre cœur se comprime ; vos idées s'égarent; vous restez long-tems stupéfait ; mais vous savez que les yeux sont fixés sur vous ; vous craignez qu'on ne vous accuse de timidité, ou qu'on attribue votre retenue à l'épuisement de votre bourse. Vous vous avisez alors de réaliser un projet de distribution de mises inégales sur une partie du tableau de la roulette. Combien de fois n'avez-vous pas reconnu l'avantage de ces mises compliquées ! Infortuné ; votre imagination vous promène d'erreurs en erreurs, jusqu'à la fatale catastrophe où vous ne verrez plus que la vérité. En vain vous variez vos mises , en vain vous vous emparez des trois-quarts du tableau , votre

opération

opération n'est point compliquée ; elle est simple ; vous jouez un contre un, et vous avez toujours contre vous les zéros, terrible ascendant qui se fait une fois moins sentir à celui qui joue sur de simples chances, comme la rouge, le passe, l'impair ; car il a le privilége des refaits auxquels, par vos mises concentrées sur les numéros, vous avez renoncé. Vous prospérez un instant, mais bientôt votre chute est rapide, et vous payez cher l'erreur funeste qui vous a fait préférer le moyen le moins propre à écarter de vous le besoin et les ennuis, ou à vous procurer des jouissances.

Ainsi finit le jeu ; vous avez d'abord été épris de l'éclat et des traits d'un beau visage ; vos regards s'y

sont fixés ; mais insensiblement vous
avez vu cet éclat s'affaiblir, ces traits
s'altérer, et vous n'avez plus eu devant les yeux qu'une affreuse tête
de mort qui a porté dans vos sens
l'horreur et l'épouvante.

Tandis que vous retournez d'un
pas lent dans vos obscurs foyers, votre ame est plongée dans une morne
tristesse, et votre esprit s'occupe en
vain de la recherche des moyens de
remplir le lendemain des engagemens sacrés, et d'alimenter vos malheureux enfans qui vous attendent.

Cruel aveuglement! ce que vous
regrettez davantage, c'est de n'avoir
pu porter au jeu une plus forte somme. Vous croyez que s'il vous avait
été possible de jouer quelques coups
de plus, le sort aurait cessé de vous

être contraire; et si une espérance vous ranime par intervalles, c'est celle de recouvrer le lendemain ce que vous avez perdu en livrant aux hasards du jeu le prix de la vente des effets qui vous sont le plus nécessaires.

Voilà une faible esquisse des illusions du joueur : mais comment les attaquer ? Comment les détruire ? Je le répète; je doute qu'on y réussisse par le langage austère de la morale, et par la touchante effusion du sentiment : je n'en suis pas moins persuadé, je prouverai peut-être que les lois prohibitives, que des mesures de rigueur ne feraient aujourd'hui que rendre l'incendie plus considérable. Encore une fois, les joueurs calculent; il faut compter avec eux; il faut que les vérités de calcul les plus simples, les plus claires, les poursuivent, les atteignent, frappent leurs oreilles et leurs yeux, s'emparent de tous leurs sens dans les maisons de jeu, et que leurs pertes leur paraissent inévitablement la preuve de la règle dont vous leur avez donné la leçon.

Et nous, écrivains moralistes, n'oublions pas que l'homme du peuple qu'on n'avertit point assez, par des écrits à sa portée, des dangers auxquels l'expose sa cupidité, se rendra plutôt à la démonstration du préjudice que cause aux joueurs honnêtes l'inégal contrat du jeu, que l'homme du monde qui, livré à ses désirs et à ses passions, est entouré de plus de prestiges.

CHAPITRE VII.

De la conduite du jeu.

C'est se mal conduire que de jouer aux jeux de hasard, et le meilleur conseil que puisse donner un homme raisonnable à ceux qui s'y livrent, est d'y renoncer sans délai S'ils n'ont pas ce courage, la conduite qu'ils doivent tenir consiste à tirer le meilleur parti possible de leur position, c'est-à-dire, à éviter ce qui peut leur nuire davantage, en n'oubliant pas néanmoins que, dans toutes les circonstances de la vie, l'équité doit être la première règle de conduite.

Il y a une grande imprudence à prendre pour son jeu sur son néces-

saire; car, loin de se mettre ainsi en
état de réparer sa mauvaise fortune,
on adopte précisément le moyen le
plus sûr de l'accroître et de la porter
à son comble.

Si la raison permettait de croire
aux pressentimens, je dirais qu'il
semble que la crainte des joueurs
qui exposent au jeu leur nécessaire,
crainte qui les fait jouer de la manière la plus désordonnée, se vérifie
presque toujours. Dans la vie ordinaire, ce qu'on appelle malheur, est
le plus souvent l'effet du défaut de
conduite : cela est encore plus vrai
au jeu. La moindre perte est un grand
malheur pour les personnes qui
jouent ce que réclament leurs besoins ou ceux de leur famille, ou
l'acquit de leurs engagemens; aussi

les entendez-vous se plaindre dou-
loureusement à chaque coup qui leur
est contraire, tandis que l'homme
riche, ou celui qui n'a pris ce qu'il
met au jeu que sur son superflu,
perd avec tranquillité, ignore même
quelquefois s'il perd ou s'il gagne.

Le petit jeu et le gros jeu ne sont
tels que relativement aux facultés
des joueurs. Celui qui porte au jeu
une forte somme, quand il n'a d'autre intention que celle de jouer quelques pièces, sans augmenter ses
mises pour courir après celles qu'il
aura perdues, commet aussi une
grande imprudence : il faut qu'il soit
bien maître de lui, pour ne pas augmenter son jeu, s'il est en perte. Les
exemples d'une pareille modération
sont très-rares, et les exemples de

ceux qui, en pareil cas, ont exposé et perdu leur somme entière, ne le sont point. Celui-là même qui, porteur d'une forte somme, ne joue que petit jeu, mais qui joue sans interruption, fait encore une grande faute, car sa somme s'altère et diminue insensiblement par l'avantage du banquier.

Il ne convient de porter au jeu que la somme qu'on peut perdre, sans déranger ses affaires et s'exposer à de grandes privations.

Je citerai ici ce que la Bruyère, le moraliste français que j'aime davantage, et que j'ai lu avec le plus de plaisir, dit de la conduite dans les choses auxquelles le hasard participe davantage.

« Le guerrier et le politique, non
» plus

» plus que le joueur habile, ne font
» pas le hasard, ils l'attirent *et sem-*
» *blent presque le déterminer.* Non-
» seulement ils savent ce que le sot et
» le poltron ignorent, je veux dire, se
» servir du hasard quand il arrive,
» ils savent même profiter, par leurs
» précautions et leurs mesures, d'un
» tel hasard et de plusieurs à-la-fois.
» Si ce point arrive, ils gagnent; si
» c'est un autre, ils gagnent encore.
» Ces hommes sages peuvent être
» loués de leur bonne fortune, comme
» de leur bonne conduite, et le ha-
» sard doit être récompensé en eux
» comme la vertu ».

Ces réflexions sont plus applicables
aux jeux dans lesquels le savoir et
l'habileté entrent pour quelque chose,
qu'aux jeux de pur hasard, auxquels

9

cependant elles ne sont point entièrement étrangères.

Les joueurs ne se ruinent guères
que par leur inconduite ou par leur
imprudence.

La sagesse et la conduite ont des
effets bien plus sûrs aux jeux de commerce, c'est-à-dire, aux jeux mêlés
de hasard et de science, qu'aux simples jeux de hasard, parce que ces
qualités suffisent souvent pour y
faire pencher le sort du côté de ceux
qui les possèdent, sur-tout s'ils y joi-
gnent l'habileté; mais je dois dire
aussi que pour la plupart des joueurs,
les jeux de commerce sont bien plus
à redouter que les jeux de hasard;
car la faveur des chances y cède presque toujours à la supériorité du talent, supériorité d'autant plus dange-

reuse, qu'il est aisé de la dissimuler.

Divisez la somme que vous consacrez au jeu en un nombre de portions que vous fixez suivant les coups que vous voulez jouer, ou les mises que vous voulez faire.

Les mises au jeu doivent être faites en proportion de ce qu'on craint de perdre ou de ce qu'on aspire à gagner.

Il vaut mieux, lorsqu'on perd, diminuer sa mise que de l'augmenter. Alors, comme le jeu a ses variations, si vous gagnez, vous pouvez ressaisir votre argent; si vous continuez de perdre, vous vous félicitez de n'avoir pas, par de plus fortes mises, rendu votre perte plus considérable; et cette réflexion contribue à vous consoler.

9*

Êtes-vous en gain, doublez progressivement vos mises ; faites des parolis, n'exposez point de votre argent avec celui que vous gagnez ; au contraire, retirez à mesure partie de ce gain : fixez le nombre des coups de gain après lesquels vous retirerez tout ce qui vous appartiendra au tapis, sauf à recommencer le même jeu.

Voici un exemple de cette manière de jouer :

Vous avez sur vous vingt écus que vous voulez hasarder successivement : vous les divisez en dix portions, afin que votre mise simple soit de six francs. Vous jouerez donc d'abord six francs ; si vous perdez, vous jouerez encore six francs ; il est indifférent que ce soit au coup suivant ou que

ce soit après que vous aurez laissé
passer plusieurs coups sans jouer;
si vous gagnez, vous retirerez votre
mise; si vous gagnez le second coup,
vous laisserez au jeu les douze francs
qui vous reviennent; si vous gagnez
le troisième coup , vous retirez six
francs sur les vingt-quatre qui vous
reviennent, et vous laisserez au jeu
les dix-huit francs. Si vous gagnez
le quatrième coup, comme les séries
au-delà sont rares, et qu'au jeu que
vous jouez , une grande ambition ne
vous est pas permise, retirez douze
francs et n'en laissez que six. Con-
duisez-vous comme si vous commen-
ciez la première partie que je vous
indique plutôt pour vous faire connaître l'esprit dans lequel vous devez
jouer, que pour vous indiquer une
méthode déterminée.

Gardez-vous sur-tout de penser que vous serez plus près du gain en poursuivant une chance à laquelle vous venez de perdre ou qui a été long-tems sans paraître. C'est un préjugé qui a été funeste à beaucoup de joueurs que celui de croire qu'une chance ou qu'un numéro en retard est plus prêt qu'un autre à arriver. Peu de personnes, il est vrai, ont l'esprit assez sain et la tête assez froide pour se garantir de ce préjugé, et ne pas suivre les mouvemens qu'excite en eux leur imagination étrangement trompée. Les hommes les plus sensés et les plus spirituels ne me nieront pas qu'en pareille circonstance ils n'ont pas su résister à l'empire de ces mouvemens. On augmente sa mise avec une effrayante progression;

bientôt le jeu est plus que de la fureur; c'est un inconcevable aveuglement, c'est une rage. J'ai vu alors des joueurs obstinés , jusques-là tranquilles en apparence, mettre au jeu en rugissant, or , billets, monnaie, tout ce qu'ils avaient sur eux. Une pareille erreur a causé plus d'une ruine et plus d'un suicide; elle ne vous jeterait pas dans ces excès, mais elle pourrait vous faire perdre en un instant l'argent que vous aviez réparti de manière à vous occuper pendant une partie de la séance.

Persuadez-vous donc que chaque coup étant isolé, étant indépendant de ceux qui le précèdent, n'étant que le résultat de mouvemens plus ou moins rapides , mais toujours incertains, le retard de sortie d'une chance ou d'un numéro ne peut fonder aucune probabilité en sa faveur.

D'autres préjugés rendent les craintes des joueurs aussi peu raisonnables que leurs espérances. Pour suivre le petit plan que vous vous êtes fait, et dont l'exécution serait du moins un amusement pour vous, puisque l'événement du jeu ne pourrait ni troubler votre repos, ni compromettre votre fortune, vous auriez besoin de mettre sur une chance; mais cette chance est proscrite; tout le monde l'abandonne; vous l'évitez comme on évite quelquefois un ami dans le malheur. Elle vient à gagner, et au regret d'avoir écouté une fausse prévention, se joint l'embarras de se faire un autre plan. Comme on ne doit jouer qu'à un jeu dont on connaît bien la théorie, et qu'on sait n'avoir d'autres perfidies que celles dont le sort est capable, et dont aucune réflexion, aucune prudence ne peut vous garantir, il faut y apporter cette assurance, j'allais dire cette confiance qui donne au jeu plus de charme lorsque le succès la justifie, et que du moins la raison ne condamne pas, si elle est trompée par l'évènement.

Aux jeux de hasard, dont les mouvemens sont si prompts, si variés, où les tentations renaissent à toutes les minutes, et où les sens sont agités si puissamment, même par d'autres intérêts que les nôtres, il est bien difficile de suivre le plan qu'on s'est fait d'abord, et de se maintenir dans la contention d'esprit qu'il exige : rien n'est cependant plus nécessaire, si on veut éviter l'embarras de volontés incertaines ou contraires l'une à l'autre, et le défaut de règle à la suite duquel vient toujours le défaut de conduite.

Le sang-froid et la résignation font mériter le titre de beau joueur, qui est encore au jeu une sorte de séduction : s'ils ne rendent pas le hasard plus favorable, ils mettent plus en état de profiter des avantages qu'on obtient, et de ne pas accroître ses revers.

Lorsqu'on a peu d'argent et qu'on est jaloux de le conserver, ou lorsqu'on veut s'occuper au jeu quelque tems, il faut jouer à des chances où le gain et la perte puissent être en proportion égale ; par exemple, si ne jouant à la roulette qu'une pièce à la fois, vous la

mettez ou à une transversale ou à un
carré, votre argent, à moins d'une faveur du sort peu ordinaire, sera bientôt épuisé. J'ai vu des joueurs, ou
plutôt des joueuses avides (car cette
imprudence est plus commune aux
femmes), n'ayant qu'une somme mé-
diocre, jouer sur deux numéros, ou
jouer sur un plein. Leurs lamenta-
tions, lorsqu'elles perdaient, n'étaient
assurément pas fondées.

Quoi qu'on en dise, j'ai reconnu
que le moyen d'obtenir au jeu les faveurs de la fortune, n'était pas de la
brusquer.

Lorsqu'on est en gain, on est pres-
qu'excusable de tenter des coups plus
hasardeux, et d'aspirer même à une
forte somme. Le succès a quelquefois
couronné cette hardiesse, qui s'allie
avec la prudence. Perd-on son béné-

fice? on fait preuve de sagesse et de conduite en revenant à ses mises simples, après avoir joué beaucoup d'argent.

Mais s'il est pour des joueurs qui ont sur eux de fortes sommes, un système désastreux et qu'il faille s'attacher à proscrire, c'est celui des martingales portées à un grand nombre de coups. Quelque faible que soit la somme qui les commence, et quelque régulière que soit la progression qu'on y observe, elles menacent toujours du plus grand danger. Le joueur imite alors celui qui porte du feu dans un magasin à poudre; il peut y entrer cinquante fois sans qu'il lui arrive d'accident; mais l'instant fatal de l'explosion vient tôt ou tard; il pouvait venir à la première imprudence.

CHAPITRE VIII,

Des avantages et des dangers du jeu :
bonheur et malheur.

Quoi qu'en dise une philosophie trop
austère, le jeu n'est pas sans quélques
avantages pour ceux qui n'y portent
point de passions désordonnées ; et si
nos moeurs ne nous avaient accoutu-
més à ne voir que des excès dans les
choses qui peuvent nous procurer des
jouissances, nous reconnaîtrions que
les personnes douées d'un caractère
de modération et capables de se sous-
traires à de vicieuses habitudes, peuvent mettre, même les jeux de hasard, au nombre de leurs plaisirs.
Ces jeux, il est vrai, disent peu de
choses à l'esprit, mais quelquefois on

leur est redevable d'une distraction dont on a besoin, et qu'on ne chercherait pas dans les jeux de commerce, lesquels, comme les autres, ne tiennent pas l'âme dans cette légère émotion que cause l'incertitude de l'évènement; lesquels aussi exigent, pour qu'on soit en état de s'y défendre, une science ou une expérience qu'on n'a point acquise. Les premiers ont encore sur ceux-ci le grand avantage de pouvoir être pris et quittés à volonté; ils donnent aux sens une agitation salutaire, pour ceux qui languissent dans de trop fortunés loisirs. Enfin, ce n'est guère qu'en exposant à ces jeux ce dont on peut se passer, ou ce à quoi on est peu attaché, qu'il est possible que ceux qui sont dénués de talens, ou d'industrie, ou d'amour du

travail, obtiennent légitimement les
moyens d'accroître leurs jouissances,
Qu'on ne perde point de vue que je
ne pardonne pas aux joueurs de mettre
au jeu leur nécessaire ou celui de leur
famille. Je conviens qu'on ferait beaucoup mieux d'appliquer son superflu
à des actes de bienfaisance, qui sont
pour certaines ames des objets de nécessité; mais je dois considérer ici les
hommes tels qu'ils sont en général,
tels qu'on n'empêchera pas qu'ils
soient, et non tels qu'ils devraient être.
C'est trop accorder que de trop exiger
en morale : la difficulté de faire tout
le bien qui est demandé, semble dispenser de faire aucun bien : c'est ainsi
qu'on peut entendre la maxime souvent citée, malgré sa fausseté : *le
mieux est l'ennemi du bien,*

Cette observation me porte à m'expliquer sur la légitimité que j'attribue
aux gains des joueurs, et que Dussaulx
leur conteste, plutôt d'après des considérations, que d'après un principe
juste. Le contrat du jeu peut n'être
pas moral dans son esprit, et cependant être légitime dans ses effets : il
peut n'être pas légitime relativement
à la loi, et cependant l'être relativement aux contractans. S'il n'avait pas
ce caractère de légitimité, il ne serait
pas obligatoire; et alors il y aurait au
moins deux maux pour un. Ce qui lui
donne ce caractère est l'égalité des
mises, des risques et des espérances.
Si aux jeux de hasard, tels qu'ils se
pratiquent aujourd'hui, l'égalité paraît être rompue, c'est en faveur du
banquier; mais on ne peut dire qu'elle

le

le soit réellement, puisque son avantage reconnu et consenti par le joueur,
n'est regardé que comme le paiement
des travaux et des dépenses de l'administration : quant au joueur, qui a eu
plus de chances contre lui qu'il n'en
a eues pour lui, il est au moins singu-
lier qu'on l'accuse de recueillir injustement ce que le sort lui accorde, et
qu'on compare ses bénéfices à des ra-
pines et aux pillages, tels que ceux
qu'exercent les Arabes sur les cara-
vanes. Ces bénéfices sont, dit-on, la
dépouille de pères de famille, réduits
au désespoir ; cet argent qu'on vous
donne, sort des mains de celui qui l'a
volé : je le veux ; mais cette dépouille
et cet argent volés, vous ne les recevez
pas des joueurs malheureux ou fripons ; ils sont devenus la propriété

des banquiers, les seuls avec lesquels
vous ayez contracté : l'unique effet
de votre gain ne se fait sentir qu'à la
banque, et quel argent aurait-on si
on se faisait scrupule de recevoir celui qu'on croit avoir passé par des
mains impures?

Voici les erreurs et les exagérations
dans lesquelles on est entraîné par
l'amour du bien. Je ne reconnais pas
plus la justesse de l'idée de Dussaulx,
lorsque contestant au jeu ses avantages, il dit : « Quand vous jouez la
» moitié de votre bien, si vous ga-
» gnez, votre capital n'augmente que
» d'un tiers ; si vous perdez, il dé-
» croît de moitié ». Qui ne serait pas
étonné de voir que ce savant Dussaulx ne connaît rien de plus fort
contre la séduction du jeu que cet

argument qui n'est que spécieux? Celui qui joue la moitié de son bien, s'il gagne, l'augmente réellement de la moitié et non d'un tiers : à la vérité, lorsque cette valeur de la moitié de son bien y est jointe, elle n'est plus comptée que comme le tiers de la totalité; mais il n'est pas moins vrai que, par l'effet de son gain, ses jouissances sont augmentées de moitié, comme elles seraient diminuées de moitié s'il eût perdu. Il n'y a donc là qu'un jeu de mots ou une fausse image propre à donner une fausse idée à ceux qui lisent superficiellement, et non cette inégalité de condition dont Dussaulx a voulu frapper les sens.

S'agit-il, au surplus, d'établir des proportions entre les privations et les jouissances? je dirai qu'il est possible que celui qui hasarde la moitié de sa fortune, ait assez de philosophie pour la perdre sans peine, mais qu'il peut trouver dans l'augmentation d'un tiers de son bien, la jouissance de ce qui était le terme de ses vœux.

J'ai dit les avantages que paraissent avoir les jeux de hasard, qui devraient être abandonnés aux grands et aux riches, pour lesquels ils semblent faits; dirai-je leurs dangers? On a déjà pu s'en former une idée, par les désordres dont j'ai précédemment esquissé le tableau. Peu de personnes sont capables de se maintenir dans l'esprit de modération et dans les règles de conduite que j'ai recommandées : le nombre de celles qui n'ont jamais su résister à l'attrait de ces jeux, après l'avoir une fois connu, est considérable.

Les désirs immodérés, les vaines espérances, les trompeuses illusions,
abandonnent difficilement les joueurs
dont ils se sont emparés : ils les poursuivent jusques dans leurs songes, les
dégoûtent insensiblement des plaisirs
simples et honnêtes, et leur rendent
bientôt l'acquit de leurs devoirs et
toutes leurs occupations ennuyeux
et insupportables. Quelques faibles
que soient les pertes qu'on ait faites,
on est pressé de les réparer, et l'on se
flatte de s'en tenir là lorsqu'elles seront réparées ; mais, ou l'on tâche
avec plus d'ardeur de ressaisir ce
qu'on a perdu de nouveau, ou l'on
trouve agréable et facile d'ajouter
d'autres gains à ceux qu'on a faits.
Ainsi le tems se perd, l'esprit se con-
sume, le cœur s'endurcit ou se cor-

rompt, le sang s'aigrit, la santé s'altère et la fortune s'épuise dans des habitudes qu'on a bientôt contractées, et auxquelles on ne renonce point sans une force plus qu'humaine.

Voilà, non une peinture exagérée des dangers du jeu, mais des vérités qu'atteste l'expérience de presque tous les joueurs, et qui doivent rendre bien faibles à des yeux éclairés, les rares avantages qu'on peut trouver dans les jeux de hasard.

Quelques-uns observent sérieusement qu'il faut laisser ces jeux aux personnes à qui tout réussit, parce qu'elles sont nées heureuses, et ils vous citeront beaucoup d'exemples d'un bonheur constant; d'autres vous disent qu'ils ne sont point étonnés de ce qu'ils perdent toujours, parce qu'ils sont nés malheureux, et ils n'en jouent pas moins. Pour se faire entendre de ceux qui tiennent de bonne foi un pareil langage, dicté souvent par l'humeur ou l'impatience, il faudrait leur donner quelques facultés intellectuelles que la nature leur a refusées, ou la première instruction que reçoit le jeune âge; pour moi qui n'ai pas entrepris cette tâche, je me contenterai de leur dire qu'ils prennent des effets pour des causes; qu'il n'y a de bonheur que pour ceux qui ont gagné, de malheur que pour ceux qui ont perdu; que le gain et la perte viennent de causes que personne ne peut ni prévoir, ni éviter, et qu'il ne manque rien à l'aveuglement de cette puissance à la disposition de laquelle les joueurs mettent leurs destinées.

CHAPITRE IX.

De l'action du gouvernement sur les jeux : des lois prohibitives.

L'ORDRE public, l'intérêt des mœurs et la sûreté des fortunes, rendent nécessaire l'action du gouvernement sur les jeux de hasard, en quelques lieux qu'ils se jouent.

Observons qu'il ne s'agit point de ces simples amusemens, qui se concentrant dans le sein des familles et des amis, sont hors du domaine de l'autorité : on doit sans doute en être affranchi lorsqu'on ne fait rien qui porte préjudice à la chose commune et aux droits d'autrui ; et les particuliers qui ne s'écartent pas de ces

justes

justes règles, peuvent se livrer librement à leurs goûs, à leurs volontés, même à leurs passions; mais ici l'abus est si près de la chose, les infidélités sont si aisées à commettre et auraient de telles conséquences; tant de désordres sont nés de ces sources impures, que le gouvernement, gardien et conservateur de la morale et de la fortune publique, trahirait un de ses principaux devoirs, s'il se montrait étranger à des actions qui ont sur elles une si grande influence. C'est ici sur-tout que des étincelles inaperçues ou négligées causeraient un violent incendie.

Je lis dans Barbeyrac, un des écrivains qui ont traité les joueurs avec le plus d'indulgence : « La faculté » d'avoir à point nommé le moyen

» de satisfaire un désir innocent,
» mais sujet à mener au crime, est
» une tentation très - dangereuse, et
» contre laquelle on ne saurait trop
» se précautionner. »

Mais quelle sera la nature de cette action du gouvernement sur les jeux de hasard ?

Il me semble qu'elle doit être l'exercice habituel d'une surveillance active, et que, s'adaptant aux localités et aux circonstances, elle doit admettre plutôt des règles particulières d'ordre et des mesures de répression, que des lois générales et prohibitives.

Je m'expliquerai sur le danger que je vois dans ces lois, sur - tout sur celui que je crois qu'elles auraient aujourd'hui, et je dirai pourquoi je regarde comme nécessaire que le

Gouvernement étende dans tous les lieux son action sur les jeux de hasard, lorsque j'aurai fait connaître l'état actuel de ces jeux, soit dans les maisons publiques, soit dans les maisons particulières. Je me contenterai de jeter ici un coup-d'œil sur une partie des lois et des règlemens de cette nature, portés contre les jeux sous différens règnes, et sur les effets qu'elles ont produits.

Chez les Grecs, les joueurs étaient flétris, et il était enjoint aux citoyens de dénoncer ceux qui jouaient furtivement.

A Rome, il y eut un sénatus-consulte qui ne défendit de jouer de l'argent qu'aux jeux qui avaient pour objet l'exercice du corps et qui étaient utiles pour la guerre. Il n'était permis d'y jouer que son écot dans un festin, ou des rafraîchissemens. Depuis, Charles IX, Roi de France, voulut qu'on ne jouât que des oublis; et un duc de Savoie, que des épingles.

Chez les Romains, dont on se plaît tant à citer les lois, quiconque donnait à jouer perdait le droit de citoyen, et restait à la merci de ceux à qui il avait gagné de l'argent.

Sous Cicéron, ceux qui étaient reconnus pour joueurs, n'étaient pas admis à se plaindre des insultes qu'on leur faisait ou du dommage qu'on leur causait.

Les pères de l'Eglise et les Conciles ont constamment lancé leurs foudres contre le jeu. Le cardinal Pierre Damien, au onzième siècle, condamna un évêque de Florence, pour avoir joué dans une auberge, à réciter trois fois de suite le Psautier, à laver les pieds de douze pauvres, et à leur compter un écu par tête.

Justinien ordonna qu'on ne pût jouer plus d'un écu par partie. Il accorda pendant cinq années le droit de réclamer juridiquement contre les gains des joueurs; et lorsque personne ne se présentait, le trésor public profitait de la confiscation.

Les Rois de France, d'Espagne, d'Angleterre, et tous les potentats de l'Europe ont sévi contre les jeux. Charlemagne, Louis le Débonnaire, S. Louis et Charles V, se sont signalés dans cette tâche honorable, mais difficile.

Pour seconder les intentions de

Charles V, le prévôt de Paris rendit, en janvier 1397, une ordonnance dans laquelle il déclarait qu'en interrogeant les criminels, il avait découvert que la plupart des crimes venaient du jeu.

Charles VIII, par une ordonnance de 1485, permit seulement aux personnes de distinction arrêtées pour des causes légères, de jouer au tric-trac et aux échecs.

En 1532, François Ier, instituteur d'une loterie qui ne fut pas tirée, parce que le peuple ne fut pas dupe des motifs qui la faisaient créer, se contenta, par un édit donné à Châteaubriant en 1532, de condamner quiconque jouerait contre des comptables, à restituer le double de ce qu'il leur aurait gagné.

Louis XIII ne fut pas plutôt sur le trône, qu'il fit une déclaration énergique contre les brelans, les académies de jeu, etc. Il déclara *infames*, intestables, et incapables de tenir jamais offices royaux, quiconque se livrait aux jeux de hasard. Il voulut en outre que l'argent et les effets mis au jeu, fussent saisis au profit des pauvres. Cette déclaration fut suivie de plusieurs ordonnances sur le même objet.

Sous Louis XIV, plus de vingt ordonnances, déclarations ou édits, furent publiés contre les jeux de hasard. *La bassette et le hoca* furent sur-tout défendus sous les peines les plus graves.

Sous Louis XV, les permissions de jeux éprouvèrent seulement quelques restrictions ; et ce qu'on a le plus remarqué, est une ordonnance rendue le 6 mai 1760, par les maréchaux de France, portant qu'ils n'auraient aucun égard aux demandes qui leur seraient adressées pour des créances procédant de pertes faites au jeu, excédant la somme de mille livres.

Dans les Etats voisins de la France, des lois de même nature ont été portées contre le jeu.

En Angleterre, pour arrêter ce désordre dans les derniers rangs de la société, Henri VIII défendit aux artisans, sous peine de prison, de se livrer, excepté pendant les fêtes de Noël, aux jeux qui de son tems étaient en vogue.

Georges III, par un statut qui confirme cette défense, inflige les mêmes peines à ceux qui donnent publiquement à jouer aux domestiques.

« Si quelqu'un, dit Charles III, soit
» en jouant, soit en pariant, perd
» plus de cent livres, je le dispense
» du paiement : je condamne son ad-
» versaire à compter le triple de la
» somme gagnée, moitié à la cou-
» ronne, moitié au dénonciateur. »

La reine Anne déclare nuls et de nul effet les billets, l'argent prêté, et tous les engagemens contractés au jeu : elle donne action au perdant contre le gagnant, et, au défaut de ce dernier, à quiconque voudra poursuivre le délit, adjugeant à celui-ci le quintuple de la somme perdue. Ce qu'il y a de plus remarquable, c'est qu'elle permet à ceux qui sollicitent la confiscation des gains faits au jeu, de prendre à serment l'infracteur, de quelque qualité qu'il soit, voulant que les actions de cette nature suspendent les priviléges des membres du parlement. Si des joueurs infidèles gagnent plus de dix livres, soit en argent, soit en effets, elle les condamne à rendre le quintuple, les soumettant d'ailleurs à des notes d'infamie et à des peines afflictives.

Georges II condamna les moteurs de différens jeux, par lesquels on cherchait à éluder les défenses, à cinq cents livres d'amende, leurs dupes à cinquante. Tout ce qui équivalait aux loteries, comme le pharaon, la bassette, etc., fut défendu par un grand nombre de statuts.

Georges II défendit aussi, sous peine

de deux cents livres d'amende, de parier plus de cinquante livres aux courses de chevaux.

Le gouverneur de Rome, en 1776, a rendu une ordonnance contre les jeux de hasard.

Le roi de Prusse, en 1777, a renouvelé les anciens édits contre les joueurs. Ils étaient condamnés à trois cents ducats d'amende; faute de paiement, ils devaient être détenus à la forteresse de Landau pendant trois mois, et n'y vivre que de pain et d'eau.

Au Japon, quiconque risque de l'argent aux jeux de hasard, doit être *puni de mort!...*

Je reviens aux lois rendues en France.

Suivant l'article 15 du titre 19, et l'art. 28 du titre 20 de l'ordonnance

du roi du 1er. mars 1768, les officiers-
généraux et commandans de place
sont tenus d'empêcher que les troupes
qui sont sous leurs ordres jouent aux
jeux de hasard.

Tout officier qui joue malgré cette
défense, doit être mis la première fois
en prison pour trois mois; la seconde
fois pour six mois; la troisième, il
doit être cassé et renfermé dans une
citadelle.

Suivant un autre article, les soldats, cavaliers ou dragons tenant des
jeux défendus, doivent être condamnés suivant la rigueur des lois, et les
joueurs doivent subir quinze jours
de prison; et suivant l'art. 16, un des
plus importans, puisqu'il concerne
toutes les classes de la société, les commandans doivent s'informer quels ha-

bitans donnent à jouer aux jeux défendus, les faire arrêter et punir suivant l'exigeance des cas.

Par arrêt du 16 décembre 1780,
le parlement de Paris a défendu les
jeux de hasard et les académies de jeu,
à peine de trois mille livres d'amende.

Il avait déjà ordonné l'exécution
des anciens arrêts et ordonnances sur
les mêmes objets.

Le 1er. mars 1781, le roi en a aussi
rappelé les dispositions, et en a ordonné l'exécution rigoureuse.

Sont réputés prohibés les jeux dont
les chances sont inégales, et qui présentent des avantages certains à l'une
des parties au préjudice de l'autre : les
banquiers condamnés et par corps, en
trois mille livres d'amende, les joueurs
en mille livres ; après deux condam-

nations, punis de peines afflictives et infamantes.

Presque toutes ces lois ont déclaré nuls les billets, promesses et autres actes ayant le jeu pour cause.

L'assemblée nationale, par un décret du 22 juillet 1791, a formé le dernier état de la jurisprudence des jeux.

Les jeux de hasard où l'on admet ou le public ou les affiliés, sont défendus.

Des amendes sont prononcées contre les propriétaires ou principaux locataires des maisons de jeu qui n'ont pas averti la police : elles sont la première fois de 200 liv., la seconde de 1,000 livres.

Les officiers de police peuvent entrer en tout tems dans les maisons de jeu, sur la désignation donnée par deux citoyens domiciliés.

Suivant l'art. 36 du titre 2 du Code de police correctionnelle, les teneurs de maison où le public est admis, sont punis d'une amende de 1,000 à 3,000 liv., de la confiscation des fonds trouvés exposés au jeu, et d'un emprisonnement qui ne peut excéder une année. En cas de récidive, l'amende est de 5,000 à 10,000 liv., et l'emprisonnement peut être de deux années.

Les teneurs de jeux pris en flagrant délit, doivent être arrêtés et conduits devant le juge-de-paix.

Voilà beaucoup de lois : que rapporte-t-on des effets qu'elles ont produits? et quels sont ceux que nous avons vus nous-mêmes?

On a déjà pu s'en faire quelqu'idée, par ce que j'ai dit des progrès de la fureur du jeu chez les peuples où ces lois ont été portées.

À Athènes et à Rome, lorsque l'aréopage et le sénat se signalaient de part et d'autre par la censure des vices, les magistrats en donnaient eux mêmes l'exemple.

Les Grecs, pour éviter les dénonciations, partaient d'Athènes et allaient à Scyros dans le temple de Minerve.

Le clergé, qui s'est tant déchaîné contre le jeu, a le plus participé à ses excès.

Les grands vassaux, la noblesse et le clergé rendaient nulles toutes les mesures prises par Charles V pour enchaîner le jeu et les joueurs.

Les lois de St.-Louis, de Charles V, de Henri VIII, de la reine Anne, etc., se sont abolies, parce que la difficulté ou l'impossibilité de leur exécution les a fait négliger.

Le frère de Saint-Louis bravait, en jouant, des lois impuissantes.

Les grands seigneurs, sous Louis XIII, r'ouvrirent les jeux que ce roi était parvenu à faire fermer. Les lois ne portèrent que sur quelques plébéiens obscurs. Les joueurs, comprimés quelque tems, devinrent bientôt plus effrénés et plus nombreux.

Sous le règne suivant, pour éluder impunément les termes de la loi, il a suffi de déguiser les jeux prohibés sous d'autres noms et sous d'autres formes.

On se cachait, dit Dussaulx, *mais on n'en jouait que plus gros jeu.*

Les princes, les ministres, fatigués

de contredire *un penchant si général,*
ont fait grace à cette antique manie.
Souvent ils en ont fait un objet de
spéculation.

Suivant Blackston, qui a fourni à
Dussaulx ce que j'ai cité des lois rendues en Angleterre pour la repres-
sion des jeux, les joueurs anglais ont
aussi trouvé le moyen de se soustraire
aux châtimens. Les jeux, les loteries
se multipliaient impunément dans les
tems même où l'on paraissait le plus
sévir contre eux.

Qu'on n'oublie point le trait que
j'ai rapporté du vieux et plus sage
magistrat du parlement de Bordeaux,
dont la réputation ne souffrait pas de
ce qu'il risquait au jeu, dans une
soirée, tout ce qu'il possédait : et le
parlement de Bordeaux s'était dis-

tingué par des ordonnances contre
les jeux !

Lorsque les vingt déclarations ou
ordonnances de Louis XIV eurent
été portées, les trois quarts de la nation ne respirèrent plus qu'après le
jeu : et il est bon de remarquer que
c'est toujours à la suite des lois prohibitives, que les jeux ont repris le
plus d'activité.

Comme les différens symptômes
d'immoralité et de corruption se manifestent à la fois, tandis que le systême de *Jean-Law* se propageait,
des ministres, des magistrats, loin de
faire exécuter les lois contre les jeux
publics, les permirent généralement.
Qu'on ne s'étonne donc pas de la
prospérité des jeux dans les hôtels de
Gêvres et de Soissons !

Comprimait - on réellement les joueurs, ils s'expatriaient : ainsi des Vénitiens, à l'exemple des joueurs émigrés d'Athènes et retirés à Scyros, se sont réfugiés en France et en Angleterre, pour y savourer sans contrainte l'horrible volupté des jeux.

S'il y avait à l'époque où Dussaulx a écrit son livre sur le jeu, *cent maisons connues où l'on se ruinait tous les jours, et dix fois plus de réduits subalternes où l'on se ruinait, que l'on n'en comptait sous Henri IV, sous Louis XIV, et du tems de la régence*, on est dispensé de rechercher davantage si les lois prohibitives sur les jeux ont des effets salutaires. Ce que nous avons vu après que l'assemblée nationale eut aussi participé à la gloire de faire des lois aussi bril-

lantes en motifs que stériles en résultats , n'achève-t-il pas d'éclairer cette
question?

Il est inutile d'observer que des lois
que j'ai citées , les unes sont ridicules
et bizarres , les autres injustes ou in-
convenantes ; plusieurs sont aussi
cruelles ou aussi immorales que les habitudes qu'elles tendaient à détruire;
d'autres enfin , n'étaient que des priviléges exclusifs accordés à une classe
particulière d'hommes , pour qu'ils
pussent porter impunément, par
l'exemple du vice le plus séduisant, les
dangereuses tentations du jeu dans la
partie la plus saine et la plus utile du
corps social.

CHAPITRE X.

État du jeu en 1803.

Lorsque les français, n'étant plus comprimés par la terreur, commencèrent à reprendre avec leur caractère une partie de leurs anciennes habitudes, lorsque l'argent rentra dans la circulation, par-tout on se dédommagea, comme à l'envi, de la privation de presque toutes les jouissances; et la foule des joueurs s'empressa de venir se ranger autour des tapis de jeux de hasard. Ceux dont l'état était perdu ou la fortune altérée, ceux qui n'avaient pas réussi dans leurs spéculations ou dans leurs intrigues, espéraient y trouver un prompt moyen de

réparer leurs pertes ou leurs fautes,
ou d'alimenter leur soif de l'or : des
hommes nouveaux, embarrassés de
l'emploi de ce qu'ils avaient gagné dans
un facile agiotage, et aussi peu propres aux plaisirs ordinaires de la société, qu'aux travaux qui demandent
des connaissances, étaient jaloux, par
de fortes mises, d'acquérir aux jeux
publics une sorte d'importance. Cette
fureur de jeu effaça tous les excès dont
Dussaulx avait fait l'effrayante peinture. Le sol français avait été couvert
de bastilles et de tombeaux ; il le fut
de théâtres, de salons de bals et de
maisons de jeu. Les principales villes
des départemens ont eu, comme à
Paris, des parties considérables qui se
sont tenues soit dans des cafés, soit aux
lieux connus auparavant par le nom

d'académies, soit dans des maisons bourgeoises, dont les maîtres, réduits par la révolution à ces propriétés et à un stérile mobilier, n'ont pas cru pouvoir tirer un meilleur parti. Communément on n'entrait là que par cachets, ou par invitations, ou par présentations d'affiliés; mais il n'était pas difficile d'obtenir ce droit d'entrée. A la tête de ces maisons étaient des dames, dont le nom était une sorte de garantie qu'on trouverait chez elles de la probité! Elles attiraient l'habitant et l'Etranger par des repas et des bals. La police civile ou militaire leur accordait appui et protection, moyennant une faible rétribution, destinée au soulagement des pauvres, ou à des actes de bienfaisance.

Le pharaon, le biribi, le trente-un, le

le passe-dix, ou le pair et l'impair,
sont devenus successivement les jeux
à la mode. Des banquiers ambulans
se transportaient où ils étaient demandés, avec les instrumens de jeu,
et le plus souvent en faisaient les
fonds. Mais Paris est toujours resté
le grand théâtre des jeux; et certes,
à l'époque où ils ont repris leur activité, à laquelle la rentrée des troupes
dans l'intérieur a beaucoup contri-
bué, il aurait été aussi impolitique
que difficile de les prohiber, ou d'y
mettre de trop fortes entraves. Ils ont
été tolérés, surveillés, et, comme cela devait être, mis à contribution.

Au milieu de ces jeux dont je viens
de parler, s'est élevé le plus impo-
sant et le plus séducteur de tous, *la
roulette*. Les tables s'en sont multi-

pliées, et ont fait déserter une foule
de maisons particulières et de tripots établis ouvertement ou clandestinement, mais qui n'offraient pas
ou autant de liberté, ou autant de
sûreté.

L'administration publique, forcée,
pour ainsi dire, de capitüler avec les
passions, a tâché de donner de la
fixité aux maisons en possessions d'attirer le plus grand nombre de joueurs,
en leur accordant des priviléges, et
prenant des mesures pour que les
vols, les friponneries, les querelles n'y
fussent point impunis. Si cet ordre et
cette sûreté devaient avoir pour effet
d'accroître le nombre des joueurs,
ils devaient aussi avoir l'avantage
d'assembler sur quelques points ce
peuple cupide, inquiet et efferves-

cent, jusques-là inégalement répandu dans des repaires.

Mais bientôt la France ayant joui d'un système mieux combiné d'administration intérieure, et une unité de mesures ayant dû être adoptée pour qu'on pût mieux connaître, pour qu'on pût rapprocher davantage de l'œil du Gouvernement ce qui intéresse la tranquillité et les mœurs, les jeux dans Paris ont été affermés, et la ferme a été chargée de les administrer de manière qu'en conservant aux citoyens la liberté de leurs actions, et des habitudes dont la subite réforme aurait pu être mise au nombre des rêves politiques, cette antique manie fût purgée de beaucoup d'abus et de beaucoup d'excès que l'autorité n'aurait pu directement atteindre.

13 *

De cette manière, si la fureur du jeu n'a point été altérée, du moins les jeux ont été administrés. Leur état est aujourd'hui à-peu-près tel que je viens de le décrire (1) ; on joue beaucoup, parce qu'on sent fortement le besoin de jouer, parce que c'est un goût né du caractère indestructible et de la position de beaucoup d'individus. L'ardeur du jeu a depuis quelques années gagné dans Paris presque toutes les classes de la société, et ce n'est pas dans les maisons publiques que se joue le plus gros jeu. Chez des particuliers, on joue entre prétendus amis ce qu'on appelle un jeu infernal.

La roulette, le trente-un, le pair et

***

(1) Il faut se reporter à cette année de 1803, dans le cours de laquelle j'ai composé et publié ces Considérations.

l'impair, se jouent dans les maisons
publiques de jeu. Depuis quelque
tems, on a réduit de plus de moitié
le nombre de ces maisons : on assure
que le nombre des joueurs est aussi
diminué, et que les parties ne sont
plus aussi fortes ; mais on ne dit pas,
ou on ne sait pas que depuis la réduc-
tion du nombre des maisons de jeu,
la bouillotte seule, dont les parties se
sont formées librement dans des maisons particulières (à la plupart desquelles le nom de tripot pourrait fort
bien convenir) absorbe peut-être plus
d'argent qu'il ne va s'en perdre dans
les maisons qui ont le droit exclusif
d'attirer le public.

Mais il me semble que je ferais mal
connaître l'état actuel du jeu, si je
n'entrais séparément dans des détails

particuliers aux différens lieux où l'on joue. Ils peuvent être rangés sous trois dénominations : maisons publiques, maisons particulières, tripots.

CHAPITRE XI.

Maisons publiques de jeu (1).

ON a eu, ou on doit avoir eu pour principal but, en établissant des maisons publiques de jeu, de donner un contre-poids aux dangers et aux désordres auxquels le jeu expose dans des tripots et des maisons particulières.

L'emplacement et le nombre des maisons publiques sont réglés par l'autorité surveillante.

Il y a différentes maisons de jeu pour différentes classes de citoyens;

---

(1) En 1803.

la plus marquante est le salon de la
Paix, rue Grange-Batelière. Outre
les jeux dont j'ai parlé et les jeux
de commerce, on y joue au krabs,
fameux jeu anglais. Ce salon, monté
sur le ton des maisons les plus opulentes, est fréquenté par une société
choisie, dans laquelle se trouvent des
personnes jouissant d'une bonne réputation, et beaucoup d'étrangers
distingués par leur nom, leur rang
ou leur fortune. On y entre par cachets, ainsi que dans la maison des
arcades du Palais Royal, et dans
quelques autres.

La précédente administration avait
la faculté d'étendre le nombre de ces
maisons, et elle en usait : elle avait
sous elle une administration ambu-
lante, et envoyait des missionnaires

dans les départemens, en Italie, etc.

L'administration des jeux tient pour son compte, et avec ses propres fonds, un petit nombre de maisons. D'autres maisons subalternes ont seulement des permissions ou priviléges, pour lesquels une rétribution est payée à l'entreprise générale, suivant la localité et la nature du jeu.

On a réduit de plus de moitié le nombre des maisons où va jouer la classe ouvrière.

Lorsque dans les maisons particulières, des jours de fête ou de bal, on veut faire jouer des jeux de hasard, l'administration y envoie des tables et ustensiles du jeu demandé, des tailleurs, des employés, et même des fonds. Le minimum de la mise pour chaque coup dans presque toutes les

maisons, est de trente sous (1). Anté-
rieurement, plusieurs avaient la faculté désastreuse de recevoir de moin-
dres mises. Depuis cette rigoureuse
fixation, on voit aux jeux publics
moins d'artisans et de cultivateurs.

La ferme des jeux n'est que pour
Paris; son bail n'est que pour une
année, et peut se résilier (2).

Pour son bénéfice ou son avantage,
l'administration a, au trente-un, les
refaits du trente-un; à la roulette, le
zéro et le double zéro; au biribi, une
petite colonne particulière; au pair
et impair, un certain nombre de

---

(1) Le minimum de la mise dans les maisons publiques
subalternes, était de trente sous. Depuis quelques années
il a été fixé à deux francs.

(2) Présentement le privilège de la ferme des jeux
s'étend dans plusieurs lieux où les eaux se prennent.

points donnés par les dés. Là-dessus,
je n'ai pas besoin de m'expliquer
mieux ; ceux qui ont le bonheur d'être
étrangers au jeu n'ont pas besoin de
me comprendre : je ne le serai que
trop par ceux qui ont le malheur de
les pratiquer.

Dans les maisons publiques, les fripons n'ont rien à faire contre la banque. Les yeux des surveillans et des
spectateurs tiennent lieu de cons-
cience à ceux qui n'en ont pas.

Les joueurs aussi n'ont rien à redouter de la banque ; outre que les
ruses et les fraudes n'y seraient guères au pouvoir des tailleurs les plus
adroits, les joueurs ont une garantie
de leur fidélité dans l'intérêt des pontes, la haine et la jalousie des spectateurs bénévoles qui inclinent ordi-

nairement contre la banque, et les regards de tous habituellement fixés sur les mouvemens de ces tailleurs. Je ne hasarde rien, sans doute, en assurant qu'on peut aussi compter sur la loyauté et la probité des employés actuels dans les jeux. En général, ces employés sont scrupuleusement choisis d'après de rigoureuses informations. Leur air, leur politesse, leur langage, annoncent qu'ils sont bien nés, et ont reçu de l'éducation. La plupart sont fils de familles ruinées ou mutilées dans le cours des désastres publics, ou ont été employés dans les armées et les administrations, et se sont trouvés inoccupés par l'effet des réformes nécessaires, ou sont victimes de malheurs particuliers. L'entreprise des jeux a un si grand intérêt à n'y placer que des personnes sur la probité desquelles elle puisse compter, qu'à cet égard on ne peut la soupçonner de négligence. C'est par de pareils choix sans doute qu'elle a tâché de se sauver en partie de la défaveur dont l'opinion frappe des opérations telles que les siennes. Je crois donc qu'on pourrait avoir un motif de plus de confiance dans un employé qui, après quelque tems d'exercice, serait sorti sans reproche d'une administration telle que celle des jeux. Ce ne serait pas par des exceptions qu'on serait fondé à ne pas trouver de la vérité dans mes observations.

Les maisons publiques, telles qu'elles sont aujourd'hui, ont encore d'autres avantages qu'on ne trouverait pas ailleurs.

Il y a évidemment moins de dangers que dans des lieux où se jouent des jeux qui tiennent beaucoup de l'adresse et de l'habileté. On sait du moins à quoi on s'expose.

Non-seulement on n'y dépouille personne de dessein prémédité, mais le joueur qui entre et sort librement, absolument maître de son sort, peut quitter à volonté sa partie adverse, sans craindre ni reproches, ni murmures.

Le joueur, s'il est en perte, peut prendre la revanche contre le banquier, et la refuser s'il est en gain.

Dussaulx paraît attacher du prix à cet avantage.

Pour quelqu'un qui n'est pas riche et qui a le malheureux goût du jeu, ces maisons sont encore préférables

aux maisons particulières, où l'on
sonde pour ainsi dire la bourse, où
l'on règle sur cette connaissance la
manière dont on doit se comporter
avec vous, où les égards, d'ailleurs,
sont toujours proportionnés à la fortune, et où la fausse honte et la crainte
du discrédit vous font souvent jouer
plus gros jeu que vous n'y seriez naturellement porté.

Si on gagne aux jeux publics, on
n'a pas le remords d'avoir soi-même
plongé des malheureux dans la misère et le désespoir.

Ce n'est pas là aussi que se forment
des liaisons souvent plus nuisibles
que de fortes pertes. Les pontes n'y
ont affaire qu'aux tailleurs, et tout
le tems y est pris par le jeu, qui exige
le silence.

A la vérité, les banques y font de forts gains; mais les maîtres de maisons particulières ou de tripots ne lèvent-ils pas sur vous de plus fortes contributions? Il faut encore le reconnaître, ces maisons ne sont pas sans agrémens pour des personnes qui, sans manquer de raison et de conduite, peuvent ne pas aimer les commérages, le cérémonial ennuyeux, et toutes ces petites malignités qu'on n'évite point dans les sociétés ordinaires. Et, je le répète, il est des personnes à qui la distraction d'un faible jeu est nécessaire.

Si les maisons publiques ne sont pas sans avantage pour les amateurs du jeu, elles en ont aussi pour les mœurs et pour l'ordre public. Là, peu de joueuses osent se montrer, et

elles

elles ont peu de communication avec les joueurs. Je crois être dispensé de dire ce que produit dans d'autres lieux le mélange de joueurs des deux sexes : on peut s'en former une idée ; mais voici des considérations d'une autre importance. N'est-il pas, je le demande, et moral et politique d'amener les grands joueurs à comparaître devant le public, pour le rendre le témoin de leur audace et le surveillant de leur loyauté ? N'est-ce pas en forcer un grand nombre à la probité et et à la modération ? Là, du moins, les fortes pertes, les ruines, sont des leçons qui profitent et aux joueurs et à ceux qui seraient tentés de le devenir. Il n'en est point ainsi des autres rendez-vous de jeu.

Enfin, je dois rendre justice à l'ex-

14

cellente police qui s'exerce, pour ainsi dire sans se montrer, dans les maisons de jeu. Jusqu'ici des maisons de ce genre n'avaient point donné l'exemple d'autant d'ordre, de calme et de décence.

Il y a un commissaire du gouvernement près les jeux.

Si mon attachement à la vérité et à la justice me fait dire ici des maisons de jeux publics ce qui est connu et ne peut m'être contesté; si je leur donne hautement la préférence sur les autres lieux où l'on joue, je n'en pense pas moins qu'en y entrant on s'expose aux plus grands malheurs; et je regarderais comme un beau jour pour la chose publique, celui où la fureur du jeu s'altérant par degrés, et ne trouvant plus d'aliment dans les antres qui lui sont ouverts de tous côtés, il n'y aurait plus ni obstacle ni danger à les détruire.

CHAPITRE XII.

Maisons particulières où l'on joue gros jeu.

Il y a à Paris une classe d'hommes de qui les lumières et l'étude ne sont pas le partage, et qui exagèrent les modes, dans la crainte qu'on ne les soupçonne de ne pas les connaître. On pense bien que la plupart de ces gens-là, sachant à peine d'où leur est venue la fortune, après la renaissance des jeux de hasard, n'ont pas été les derniers à s'y livrer. Ils y ont joué d'abord par ton, ensuite par cupidité, enfin par habitude.

Peu de modernes enrichis vont dans les maisons publiques de jeu :

ils croient avoir un rang à tenir et une réputation à conserver ; mais on en connaît plusieurs dont le jeu, soit là, soit ailleurs, a vu finir la métamorphose, et qui sont devenus pauvres aussi rapidement qu'ils étaient devenus riches.

J'ai dit comment s'étaient établies des maisons particulières de jeu dans les départemens : il s'en est formé et s'en forme encore beaucoup dans Paris du même genre ; mais celles-ci, pour n'être point soumises aux regards de la police, n'ouvrent point leurs portes à tout le monde, et ne font point distribuer d'adresses ni de cartes d'invitation à un grand nombre de personnes ; seulement l'ami y mène son ami ; et ces amis, d'autant plus attachés l'un à l'autre qu'ils ne

se connaissent pas, se lient subite-
ment par de tels rapports, qu'ils n'ont
d'autre désir, d'autre but, d'autre
soin que de s'enlever les uns aux
autres tout ce qu'ils possèdent.

On n'a point, dans ces maisons,
de grandes tables garnies de machines
de différentes formes, qui trahiraient
les intentions des maîtres, ou plutôt
des maîtresses, car ce sont le plus
souvent des dames qui sont à leur tête
ou en font les honneurs : il n'y a que
de simples tables de bouillotte, ou
d'autres qui servent au besoin pour
un vingt-un, un trente-un, un loto
à fortes mises, etc. Il vous serait
difficile d'y échapper aux différens
moyens de séduction qui vous envi-
ronnent. Les jeux à argent s'y con-
fondent parmi d'autres jeux; souvent

ils n'y paraissent qu'un amusement accessoire : ils ne tardent pas à devenir une grande occupation; et les cris de joie qui partent d'un salon voisin accompagnent les cris de détresse des victimes qui tombent l'une après l'autre dans un précipice dont les bords n'en restent pas moins couverts de fleurs.

Vous dites que ce ne sont pas là des maisons honnêtes : le nom des maîtres ne s'est-il pas rendu recommandable par des emplois dans la robe, dans la finance, dans le militaire? N'avez-vous pas trouvé chez eux, comme on vous l'avait annoncé, des gens distingués par leurs places, leurs richesses ou leurs talens? Le goût, la décence, la délicatesse n'y brillaient-ils pas également dans les discours et dans la parure des femmes? Ah! il n'est pas moins vrai que ce sont de ces maisons honnêtes que sortent confusément, comme Dussaulx l'a observé, le parjure, la misère, l'opprobre, le duel et la mort.

Les maisons publiques où la plupart des joueurs considérés dans le monde, craignent d'être aperçus, favorisent certainement moins les excès du jeu que ces brillans rendez-vous de société, où, avec de pareils goûts, on serait bien fâché de n'être pas admis.

Il n'y a pas encore long-tems, on citait des pertes considérables faites par des personnes connues, *sur-tout par des étrangers*, dans ces sociétés du bon ton.

Les maisons particulières où l'on joue

joue gros jeu à Paris, sont de différens genres : il y en a, comme des maisons publiques de jeu, pour les différentes classes de citoyens. Les unes reçoivent tous les soirs, les autres donnent un grand dîner un jour fixe de la semaine. Après le dîner les parties s'arrangent : ce ne sont presque que des parties carrées, les simples jeux de commerce. Une bouillotte cependant rassemble ceux qui n'aiment pas le petit jeu. De ceux-là quelques-uns, pour faire un double emploi de leur tems, parient de fortes sommes à la queue ou aux marqués d'un piquet qui se joue à côté d'eux à cinq sols la fiche.

A mesure que les petits jeux finissent, les belles dames se rassemblent autour de la bouillotte; elles encouragent des yeux les joueurs de leur connaissance; celui qui ayant devant lui une forte somme d'argent, fait ou tient le tout contre une masse à-peu-près égale, s'il gagne, est complimenté sur son bonheur, et s'il perd, est consolé par le titre de beau joueur qu'on ne peut lui contester.

On vante le sang-froid et la témérité d'un joueur qui se ruine, comme on vante le calme et le courage d'un homme condamné qui marche au supplice.

Il est nuit : les personnes raisonnables se retirent peu-à-peu ; le nombre des rentrans à la bouillotte a contraint d'en former plusieurs tables. Cette dame, qui au reversis a eu, pour une fiche à deux sols, une contestation d'un quart d'heure, s'est cavée de dix louis,

La bouillotte ne se quitte pas aussi promptement qu'un autre jeu; d'ailleurs, des perdans trouveraient fort mauvais qu'on les abandonnât de bonne heure. Le jeu se prolonge donc dans la nuit : il s'échauffe; les caves se centuplent; le tems n'a plus d'heures; le jour vient, et les dames de la maison songent enfin qu'il serait bon de prendre quelque repos. Hélas! il n'en est plus pour de nouvelles victimes que vient de faire ce jeu de société, qui, plus que tous les jeux publics, a porté depuis quelque tems dans les familles, la misère et la désolation.

Oui, on assure que plus de banqueroutes, de duels, de suicides ont été causés par ce jeu dans des maisons particulières, que par tous les jeux

de hasard dans les maisons publiques.
Dans plusieurs, la première cave est
de cinq louis. On assure que chez des
parvenus, on se cave le plus souvent
de quatre à cinq cents louis : on en
cite même où les caves ont été portées
à mille.

Ce n'est pas seulement à la ville
qu'on joue un jeu énorme chez des
particuliers; pour être plus à l'aise,
et pour que les femmes ne soient pas
toujours sur les épaules des maris,
on se donne rendez-vous dans des
maisons de campagne, que des parvenus et des enrichis appellent *leurs
petites maisons*, à l'imitation des
grands seigneurs et des financiers des
derniers règnes. Là, l'ivresse du vin
accroît l'ivresse du jeu; là, on convient de jouer jusqu'à extinction de

bourse; mais on va plus loin, on joue jusqu'à épuisement de crédit; car un maître de maison, ou un des joueurs, trouve souvent son compte à prêter à celui qui est encore dans l'usage et le pouvoir de rendre, ressource bien fatale pour celui qui la possède! Le crédit, qui dans le commerce a des effets bienfaisans, a au jeu les effets les plus désastreux. Mais des négocians, des banquiers, des agens de change, qui se garderaient bien de se montrer dans des jeux publics, jouent volontiers dans ces parties de campagne, qu'ils appellent *des parties fines*. Leurs conventions au jeu se font comme celles de la bourse; le mot suffit.

C'est ainsi que certains, qui avaient fait quelque tems grand bruit dans la banque ou le commerce, *ont joué de leur reste.*

On sait ce qui à la bouillotte peut résulter d'une facile intelligence établie entre quelques joueurs, et s'il y a des joueurs honnêtes et délicats, on ne croira pas que c'est parmi ceux qui jouent le jeu le plus considérable qu'ils se trouvent le plus.

Le flambeau, à la bouillotte, est d'un produit si abondant, qu'on ne doit pas être étonné que tant de maisons particulières cherchent à en établir une. On ne découvre pas le secret de sa spéculation : ce sont ses anciennes et ses nouvelles connaissances qu'on est bien aise de réunir de tems en tems. Les profits, au surplus, ne regardent, dit-on, que les domestiques.

Il y a dans ces spéculations, comme au jeu, bonheur et malheur.

CHAPITRE XIII.

Tripots.

BEAUCOUP appellent *tripots* tous les lieux où l'on se rassemble pour jouer : c'est abuser du mot, et c'est ainsi qu'en confondant sous un seul nom, ou sous un seul titre défavorable, des choses ou des personnes qui ont différens caractères, on enlève au vice ce qui serait le plus capable de le signaler et de le faire éviter ou proscrire.

On peut donner le nom de tripots aux maisons de jeu, qui, quoiqu'elles soient autorisées, ont une mauvaise tenue et une partie des dangers de la clandestinité.

On peut aussi donner ce nom aux maisons, soit de ville soit de campagne, où des particuliers abusent de la liberté qu'ils ont de faire jouer leurs amis réels ou prétendus, où l'on trouve un peu de ce qu'on appelle mauvaise compagnie, et où ne règnent point l'ordre, la décence, la modération et la probité; mais il appartient surtout aux lieux où, par entreprise, on fait jouer clandestinement et sans autorisation à des jeux de hasard et à d'autres jeux.

Dussaulx a indiqué l'esprit qui règne dans ces lieux, en disant : « Les » maisons trop attentives ou trop » difficiles au gré de certains joueurs, » en font refluer une partie dans les » tripots ».

En effet, on y voit figurer d'un ton

avantageux des gens qui n'oseraient
reparaître dans des maisons publiques.

Les cartes ou adresses qu'on fait
distribuer par de prudens affidés,
pour attirer dans ces lieux, n'annoncent certainement point ce qui s'y
passe.

Il est difficile pour ceux qui n'ont
pas la connaissance du monde, de
n'être pas subjugués par les politesses,
les coups-d'œil, les agaceries des femmes, qu'on a, en général, le soin de
faire paraître à la tête de ces jeux. Ce
sont d'aimables hôtesses dont, comme
on l'a déjà dit, on ne reconnaîtrait
pas les droits dans la maison, sans le
zèle qu'elles mettent à arranger les
parties, à échauffer le jeu, et à re-
commander le flambeau.

Quelques mamans prévoyantes recherchent de pareils emplois, qui leur donnent la facilité de marier leurs filles.

De pareils traits sont dans nos mœurs, dont la réforme est le premier pas à faire vers un meilleur ordre de choses.

L'histoire des sots ou scandaleux mariages occupe une grande place dans celle des jeux.

Des tripots fourniraient aux peintres de bons sujets de caricatures, si l'on pouvait s'amuser des ridicules où l'on a trop souvent à gémir sur la perte de la pudeur et de la bonne foi.

Il semble quelquefois que, pour former ces parties, on a été choisir dans les quatre parties du monde ce qu'il y a de plus étranger au langage ordinaire et aux simples usages de la société.

Avez-vous remarqué en quelque lieu une figure ou sinistre ou suspecte? si vous êtes dans ces tripots, regardez autour de vous; cette figure est là, ou ne tardera pas à paraître.

Il y a peu de tripots où les femmes qui les dirigent ne soient d'intelligence avec quelques habitués pour mettre à contribution le joueur novice ou l'imprudent étranger.

Défiez-vous-y de ces hommes polis et déliés qui s'y trouvent à toute heure, et qui sont aux petits soins avec les maîtresses de maison. Si vous négligez le flambeau, ils ne manqueront pas de vous en avertir; mais dans un coup douteux, n'espérez pas que leur avis soit pour vous.

Lorsque la bouillote se joue dans un tripot, il y a au moins un joueur qui ne joue pas avec loyauté.

C'est là principalement que les jeux qui exigent du savoir et de l'habileté, causent plus de ravages que les jeux de hasard.

Voulez-vous quitter lorsque vous êtes en gain, vous manquez à tous les usages de la société. Pour être honnête, il faut perdre.

Êtes-vous sensible à une injure, la réparation ne vous est pas refusée; mais ne vous attendez pas à être en tête-à-tête dans cette nouvelle partie. Faut-il vous le répéter? toutes les mesures sont prises pour que, soit au jeu, soit au combat, vous soyez une victime.

L'art d'engager une querelle à pro-

pos, et de tirer parti de la susceptibi-
lité d'un joueur, est familier à des habitués de tripots, et n'est point inconnu
à des amis de maisons particulières
où l'on joue gros jeu.

Ce n'est pas sans raison qu'on donne
à ces tripots les noms d'*étouffoirs* et de
coupe-gorges: il faut les leur conserver.

On appelle *grecs* ou *malins*, les
joueurs fins ou adroits, que des en-
trepreneurs de jeux savent mettre
dans leurs intérêts.

Les soupers sont les nœuds qui lient
les parties de jeu qu'on veut prolon-
ger. Que de trames coupables sont
cachées par le voile de la nuit!

Et si quelque désir impatient est
allumé en vous, par les soins attentifs
d'une jeune beauté qui vous montre
de l'intérêt, dans ces momens où la

joie du gain a besoin de partage, où
le chagrin de la perte a besoin de con-
solation, ah! puisse le jour ne pas
vous être importun! et puisse l'éga-
rement du jeu être le seul sujet de
votre repentir et de vos larmes!

Le sort ne vous a pas été contraire:
vous croyez avoir augmenté la somme que vous avez apportée au jeu;
mais rentré chez vous, examinez de
près les pièces d'or et d'argent que vous
avez reçues, ou elles sont fausses, ou
elles sont tellement rognées, qu'au
lieu d'avoir gagné, vous avez réellement perdu.

Vous n'oserez vous plaindre; et
contre qui vos plaintes seraient-elles
dirigées?

Mais un autre accident vous fait à-
la-fois rougir et gémir de la faiblesse

que vous avez eue de vous être laissé entraîner dans un de ces tripots. Hier de faux agens de police y ont saisi, au profit de l'entreprise du jeu, tout l'argent qui était au tapis : aujourd'hui ceux qui ont su s'y introduire, avaient titre pour cette expédition. Vous avez aussi été arrêté et conduit devant l'autorité surveillante ; et sur la liste des joueurs du nombre desquels vous étiez, votre nom a été mis à côté d'autres noms que demain la punition du crime va flétrir.

J'en pourrais dire davantage sur ce sujet ; mais il repousse ma plume, et les maux que le jeu traîne à sa suite, ont quelque chose de si triste et de si cruel, que je me félicite d'avoir plutôt entrepris de les indiquer que de les peindre.

CHAPITRE XIV.

Faut-il fermer les maisons de jeu ?

Il n'est que trop évident, à l'époque où j'écris (1), que la fureur du jeu s'est emparée de presque toutes les classes de la société. J'ai fait voir qu'elle agissait avec plus de violence et de danger dans les maisons de particuliers, que dans les maisons publiques. Le luxe, qui entre quelquefois dans les vues d'une saine politique et dans des convenances sociales, paraît encore favoriser l'activité des jeux de hasard, qui ont toujours été ses compagnons inséparables. Telle est la disposition actuelle des esprits. Faut-il

(1) Toujours en 1803.

la

la changer ? faut-il la rompre tout-à coup par des mesures de rigueur ? ou faut-il, par des moyens adroits et prudens, faire en sorte de la rendre moins funeste et moins contagieuse ?

Dois-je le répéter ? le désordre du jeu, produit par une vie oisive, le besoin inquiet et l'aveugle cupidité, est indestructible. Cependant on demande qu'il soit détruit ; on le demande à l'autorité, comme si elle n'était pas elle-même forcée de fléchir devant l'énergie des passions humaines ; et ce sont ceux dans qui cette ardeur de jeu est la plus effrénée, et qui prennent le moins d'empire sur eux-mêmes, qui accusent le plus hautement les dépositaires même de l'autorité, de protéger leurs excès ! Livrez-les à eux-mêmes, ils crieront ;

16

contenez-les, ils crieront encore davantage.

Je n'examinerai point ici comment
on pourrait amortir la fureur des
jeux de hasard, mais s'il convient de
les défendre, ou de fermer les maisons
publiques de jeu, et quels seraient les
résultats de cette mesure.

D'autres écrivains l'ont dit, c'est au
gouvernement à voir jusqu'où l'intérêt de l'État ou des particuliers exige
qu'il défende le jeu ou le tolère.

Mais j'observerai que les bons gouvernemens profitent de l'expérience
de ceux qui les ont précédés : ils em-
ploient, le moins qu'il est possible,
des mesures prohibitives et inquisi-
toriales, qui entraînent presque toujours plus d'inconvéniens et de maux
que la tolérance; ils savent surtout

que leur autorité est compromise et se
dégrade lorsqu'elle rend des lois qui
ne s'exécutent pas.

L'inutilité ou l'insuffisance des lois
de rigueur contre les jeux, les teneurs de jeu et les joueurs, est bien
prouvée. On a vu ce qui était arrivé à
ce sujet.

On lit dans Blachstone, que j'ai déjà cité : « Les rois ont fait de vains
» efforts pour flétrir le jeu et dégoû-
» ter les joueurs. Toutes les défenses
» ont été éludées. »

« Les joueurs, dit ingénieusement
» Dussaulx, sont plus agiles que la
» verge des lois qui les poursuit sans
» les atteindre.

» Les hommes de génie, les grands
» écrivains, dit-il encore, n'ont point
» traité cette matière. » Ils n'ont pas

cru sans doute devoir invoquer des rigueurs in..iles.

A Rome on a fait des traités sur tous les sujets ; on n'en a point fait sur celui-ci. Fénélon, si courageux lorsqu'il s'agissait de dire d'utiles vérités, n'a osé blâmer le jeu, voyant que Louis XIV, qu'il aurait en vain attaqué, avait pris le parti d'en faire un attribut de sa grandeur.

La défense est un charme ; on dit qu'elle assaisonne
Les plaisirs, et sur-tout ceux que le *jeu* nous donne.

Ces vers du bon La Fontaine, dans lesquels j'ai substitué le mot *jeu* au mot *amour*, ont ici leur application.

Si quelquefois on est parvenu à modérer la fureur du jeu, c'est qu'alors les mœurs étaient plus pures, ou le système qui tendait à les améliorer les embrassait toutes à-la-fois.

Mais lorsque d'anciennes habitudes et des abus multipliés ont corrompu les mœurs, n'y aurait-il pas encore un grand danger pour la chose publique, si la puissance de l'autorité se déployait pour leur subite réforme?

Le jeu, porté à l'excès, est un mal qui se complique avec d'autres maux. C'est un grand symptôme d'immoralité, qui suppose l'alliance de différens vices. Ce désordre ayant différentes causes, ce serait une grande erreur ou une grande faute que d'entreprendre sa cure par un traitement isolé et indépendant de ce qu'exige le vice général. Ce sont les têtes de l'hydre qu'on voudrait couper l'une après l'autre; il faut les abattre toutes à-la-fois.

Effrayés par le débordement de la passion du jeu, les gens de bien éclairés qui lui ont vu rompre toutes les digues, désireront qu'elle se porte sur des lieux où elle fera le moins de ravages.

Les maisons publiques de jeu sont pour ainsi dire le contre-poison du mal que cause à la société l'excès du jeu dans les maisons particulières, et dans le sein même des familles. Qui calculera les désordres que ce mal secret causerait dans l'économie domestique, si on n'attirait le venin sur la partie du corps social où il a le moins de prise et d'activité?

Un mal qui se montre à découvert, et n'a pas son siége dans l'intérieur, est plus facile à traiter et à guérir.

Le mal du jeu ne pouvant s'extirper, il faut lui enlever peu-à-peu sa partie vénéneuse. Les calmans lui enlèvent son acrimonie et son plus grand danger. Fermer aujourd'hui les maisons de jeu, comprimer le jeu par des lois prohibitives et des actes de rigueur, c'est faire rentrer une dartre; c'est, par des matières acides et corrosives, répercuter un virus dans l'intérieur, et infecter la masse du sang social.

Qu'on considère l'état d'où nous sortons, et celui dans lequel nous sommes! Prohibez le jeu, et avec les joueurs, des brigands, qui étaient pour ainsi dire hors de la société, rentrent dans son sein; et si cette activité inquiète qui pousse vers le jeu, ne tendait plus vers cet objet, elle se porterait sur d'autres, et causerait de plus grands désastres; et des maisons particulières s'empresseraient d'offrir la réparation de ce qu'elles appelleraient une grande atteinte portée à la liberté, et le nombre des tripots se multiplierait à l'infini : on ferait circuler partout des invitations plus séduisantes les unes que les autres, et il y aurait pour l'étranger et l'habitant des départemens, le plus grand danger à se laisser entraîner dans des maisons dont l'honnêteté leur serait attestée; et il arriverait ce qui est déjà arrivé en France comme en Angleterre, de petites loteries; de petits jeux prendraient des noms et des formes qui les affranchiraient de l'application de la loi et de l'action de la justice; et pour donner l'application à la loi et l'action à la justice, il

il vous faudrait une armée d'inqui-
siteurs, qui aurait à ses ordres une
armée de sbires, lesquels auraient
le droit, sur des *dénonciations* vraies
ou fausses, de s'introduire à toute
heure dans les maisons des particuliers; et lorsqu'il y aurait erreur ou
méprise..... Je ne crois pas avoir besoin de peindre en entier le tableau
des effets que produirait la subite
et rigoureuse répression des jeux de
hasard.

Mais, me dira-t-on, des saisies! des
des supplices! des exemples!..... Je
le sais, des hommes ignorent qu'il
est encore plus facile de prévenir
les excès que de les punir; je sais
qu'il en est, même parmi ceux qui
ne sont délicats ni dans leurs sentimens, ni dans leur conduite, qui

vont jusqu'à demander du sang pour toutes les fautes, et qui, sans consi-dérer que la plupart des joueurs sont plus faibles, plus malheureux que coupables, voudraient qu'on tuât un homme pour lui apprendre à vivre, ou au moins qu'on le mît à nu pour l'empêcher de se ruiner. L'esprit d'une bonne administration dispensera toujours de répondre à de pareils vœux et à de telles con-ceptions.

Quant aux exemples donnés par la fréquente punition des délits, ce n'est pas ici le lieu d'examiner s'ils ne sont pas en général plus nuisibles à l'humanité, que profitables à l'ordre social.

CHAPITRE XV ET DERNIER.

Réformes, Améliorations.

En 1803, le nombre des maisons de jeu s'accroissait par l'effet de la faculté laissée à l'entreprise générale d'en donner les permissions : plus elle en accordait, plus elle grossissait la masse des rétributions qu'elle exigeait. Dans chaque quartier de Paris on trouvait des roulettes, des trente-un, des biribis, des passe-dix; le même quartier, lorsqu'il était très-babité, possédait plusieurs jeux : c'étaient autant de pièges tendus par une énorme avidité, non-seulement à l'ignorance et à la faiblesse, mais au malheur et au besoin qui, à la suite de calamités

publiques, devaient du moins trouver
dans les cœurs, si la piété était stérile,
des ménagemens et du respect. La
crédule espérance était horriblement
imposée : on ne pouvait échapper aux
invitations qui se faisaient, par cartes, de venir à un bal, à un festin,
dans une maison où l'on avait établi
une roulette ou un trente-un. Le
bruit de gains énormes faits, disait-
on, par des joueurs prudens, se ré-
pandait avec adresse : hommes, femmes allaient se presser autour d'un tapis vert, dans des salons étroits et
obscurs, à qui des permissions n'ô-
taient pas l'air hideux des plus vils
tripots. Le mal faisait des progrès effrayans et s'était déjà emparé pres-
qu'entièrement de la classe ouvrière.
La partie la plus éclairée du public

était d'autant plus indignée qu'on n'i-
gnorait pas que l'entreprise des jeux
faisait des bénéfices considérables.

Enfin une grande réforme eut lieu.
Les journaux s'empressèrent de l'annoncer; tous les cœurs honnêtes y ap-
plaudirent. C'est aux vives réclama-
tions de M. Davelouis, devenu depuis
administrateur des jeux, qu'on en a
été redevable.

« Dix à douze millions de bénéfice
» annuel partagés entre quelques individus! et rien, absolument rien pour
» la classe indigente!......

M. Davelouis ne fit pas là-dessus
d'inutiles réflexions: son mémoire pa-
rut; il était clair, précis, d'une simplicité énergique.

On y trouvait cette phrase remarquable.

« Certes un gouvernement révo-
» lutionnaire qui voudrait, comme
» on l'a vu, envahir la fortune des
» particuliers, au lieu d'imposer des
» empruntsforcés, ne pourrait mieux
» faire que d'établir dans chaque rue
» une maison de jeu, et de donner
» des séances permanentes: il finirait
» par attirer à lui la fortune de la
» moitié de la population. »

« On lisait encore dans ce mémoire.
» S'il est des mœurs sur lesquelles
» gémit la raison, et que sa puissance
» ne peut tout au plus qu'affaiblir,
» pourquoi ne pas appliquer de fu-
» nestes mais énormes produits au
» soulagement des malheureux? »

Depuis ce tems peu de changemens
ont eu lieu dans l'administration des
jeux.

On n'a conservé dans Paris que cinq à six maisons, outre celles qui sont ouvertes au Palais royal.

La maison la plus remarquable est celle qui se tient sur le boulevard Poissonnière, et qu'on apelle le *Grand Salon*. Là, ne vont en général que des hommes distingués par leur rang ou leur fortune ; on n'y joue guères que de l'or. Toutes sortes de rafraîchissemens y sont servis. On peut y passer la nuit.

Au n°. 113 du Palais royal, outre les roulettes, un biribi est établi. On y reçoit de la petite monnaie.

Au n°. 18 on fait jouer la nuit à la roulette, au trente-un, au creps. On y donne le bal ; là des filles publiques sont admises.

Un jeune homme s'étant suicidé il

y a quelques mois, en sortant d'une des maisons du Palais royal, il a été décidé qu'avant l'âge de 21 à 22 ans, on n'aurait point entrée dans les maisons de jeu.

Nous vivons présentement sous un règne où l'on peut espérer, dans les différentes parties de l'administration publique, toutes les améliorations qu'il est possible d'opérer ; mais notre position est telle qu'on ne peut, sans une extrême injustice, demander que toutes les réformes nécessaires se fassent à-la-fois. Les hommes éclairés qui veulent le bien, et qui croyent que leurs vues pourraient y coopérer, ne doivent les proposer qu'après les avoir muries par la réflexion ; en les proposant, ils ne doivent vouloir que seconder les efforts des magistrats, par

lesquels seuls ces vues pourraient être
réalisées; ils ne cherchent point à vio-
lenter l'opinion, ils la disposent par
un langage sage et modéré en faveur de leurs plans, et attendent que
les tems soient favorables à leur exécution.

Si l'on ne peut, par des lois, enchaîner la fureur du jeu, s'il est plus juste
et plus sûr d'attaquer cette passion
dans son principe, c'est-à-dire, dans
l'esprit humain, et de la garantir des
piéges tendus par une coupable avidité pour la porter aux plus grands
excès, on aura servi à-la-fois la société et les joueurs, en mettant en
harmonie et en mouvement les différens moyens propres à faire arriver à
ce double but.

J'ai dit au commencement de ces

ouvrage que les moyens de réforme
proposés par le moraliste Dussaulx
me paraissaient ou insuffisans, ou
impraticables. C'est en vain qu'on
conseille à des hommes faits d'acquérir des lumières, des vertus, du courage que leurs préjugés, leurs habitudes et la nature leur refusent; c'est
aussi en vain qu'on conseille aux dépositaires du pouvoir de prohiber, de
poursuivre, de punir des excès qui
sont dans l'esprit et les mœurs de la
plus grande partie des hommes qu'ils
gouvernent; il manquera toujours,
d'un et d'autre côté, la grande puissance de l'exécution. Que l'opinion
seconde l'autorité! que l'autorité seconde l'opinion ! blessez l'amour-
propre des joueurs, facile à s'irriter,
en leur démontrant leur sottise; éclai-

rez-les en leur rendant sensible la
preuve de leurs faux calculs, le ridi-
cule de leurs espérances ; poursuivez-
les par l'image des dangers auxquels
ils s'exposent, et des malheurs qui les
attendent ; frappez leur esprit et leur
imagination dans tous les sens ; vous
avez affaire à des hommes légers et
frivoles, plutôt qu'à des hommes à
réflexion et à caractère.

C'est ici que les écrivains ont un
grand devoir à remplir ; et quel plus
bel emploi pourraient-ils faire de
leurs talens, que d'attaquer les erreurs les plus funestes, les vices les
plus désastreux ?

Si de son côté l'autorité joint son
influence à celle des lumières, s'ils
agissent de concert, je conçois que
cette horrible puissance du jeu puisse

être affaiblie ; mais le besoin de cette réforme fait sentir plus vivement celui d'une réforme des mœurs, à laquelle l'ordre public est si fortement intéressé, et qui ne me paraît point impraticable.

Il ne m'est pas permis de dire ici quelles institutions nous manquent. Quand on reconnaîtrait la justesse de mes idées sur ces objets importans, on la reconnaîtrait en vain. Ce n'est point que les dépositaires, les agens actuels du pouvoir ne me paraissent mériter de la confiance, mais encore une fois je sais ce qu'il faut céder à l'empire des circonstances.

Puisse-t-on du moins reconnaître que les bonnes mœurs sont la plus grande richesse d'un Etat, qu'on perd

plus qu'on ne gagne en faisant aux
vices qui les outragent, moyennant
de plus fortes contributions pécu-
niaires, plus de concessions que celles
qu'on ne pourrait leur refuser sans
danger, et qu'il est des actes d'administration d'une telle nature, que le
plus grand embarras des finances ne
pourrait les justifier.

Avant les changemens qui ont eu
lieu dans le ministère de la police générale, je parlais à un ministre des
ressources qu'on trouverait dans les
produits légitimes d'une administration de tous les établissemens qui con-
cernent les amusemens et les différens
jeux publics, si cette administration
était centralisée et dans des mains à-la-
fois pures et habiles ; je me complai-
sais dans la peinture des avantages qui

résulteraient pour la classe indigente ou pour celle qu'il est le plus difficile de contenir de l'application de ses produits (1); enfin je jugeais qu'il était possible de concilier les intérêts de la morale avec ceux du trésor public; *Bah! bah! la morale*, me dit le ministre avec impatience, *il s'agit bien de cela*, et il me tourna le dos, et depuis..... Mais je dois me renfermer dans le silence. Il y aurait un beau chapitre à faire sur la punition presque toujours infligée aux écrivains

---

(1) Jean Leclerc, à la suite de ses *Réflexions sur ce qu'on appelle bonheur et malheur à la loterie*, dit : « Il y aura toujours des joueurs conjurés l'un contre » l'autre, sans fruit pour la chose publique. Servons- » nous de leur manie pour ériger des temples, bâtir des » hôpitaux, décorer des villes ».

Voilà un emploi d'argent bien indiqué; mais tâchons d'en avoir le moins possible à appliquer à cet usage.

qui osent plaider la cause de l'humanité en présence des hommes à qui la dépravation morale profite le plus. Mais qu'un grand désordre social soit causé afin que quelques individus fassent en peu de tems une fortune colossale!.... Encore une fois, il faut me taire jusqu'au tems où je pourrai servir les vues de magistrats intègres, honorés de l'estime du peuple et de la confiance du Souverain, en ajoutant aux vérités que je crois avoir rendu sensibles, des vérités non moins importantes. Je finis par exprimer le vœu formé sans doute par tous les gens de bien, pour que le Gouvernement, dans sa restauration, ne perde rien de son droit de placer près de l'administration des jeux, telle qu'elle puisse être, des surveillans qui l'instruiraient de ce que l'ordre public, la morale, l'humanité et son propre intérêt lui recommandent. Alors des abus réformés, des améliorations opérées, de sages précautions prises, contribueraient à calmer les plaintes, les murmures, et à amortir les foudres que l'opinion lance sur ces antres effrayans, où de viles passions ne doivent être attirées qu'afin que leur torrent ne puisse causer plus de ravages (1).

---

(1) Ce Chapitre a été écrit vers la fin de l'an 1815.

FIN.

TABLE.

	Pag
Introduction.	v
Chapitre premier. *De l'ouvrage intitulé :* de la Passion du Jeu, *par Dussaulx.*	I
Chap. II. *Du Jeu.*	19
Chap. III. *Des Joueurs.*	28
Chap. IV. *De la Fureur du Jeu.*	37
Chap. V. *De la Théorie des Jeux de hasard.*	58
Chap. VI. *Des Illusions des Joueurs.*	74
Chap. VII. *De la Conduite du Jeu.*	93
Chap. VIII. *Des avantages et des dangers du Jeu : Bonheur et malheur.*	109

18

Pag.

CHAP. IX. *De l'action du Gouvernement sur les Jeux. Des lois prohibitives.* 120

CHAP. X. *Etat du Jeu en 1803.* 142

CHAP. XI. *Maisons publiques de Jeu.* 151

CHAP. XII. *Maisons particulières où l'on joue gros jeu.* 164

CHAP. XIII. *Tripots.* 175

CHAP. XIV. *Faut-il fermer les maisons de jeu?* 184

CHAP. XV et dernier. *Réformes, améliorations.* 195

FIN DE LA TABLE.

OUVRAGES

DU MÊME AUTEUR.

------

*Silvine, fille séduite, au Général Blainville, son
séducteur.* 1 vol. *in-12.*

Séligny, ou l'Accusé de Rapt. 1 vol. *in-12.*

L'Homme aux six femmes, ou les Effets du Divorce;
1 vol. *in-12.*

Le Chevalier à l'épreuve. 1 vol. *in-12.*
(Les éditions de ces ouvrages sont épuisées.)

Amour et Religion. 2 vol. *in-12.*
Chez Gérard, Libraire, rue S.-André-des-Arcs, n°. 59.

Edlinde, ou le Prix du Courage. 1 vol. *in-12.*
Bechet, quai des Augustins, n°. 63.

La Roulette, ou Histoire d'un Joueur.
La 5e. édition, 1 vol. *in-12*, Eymery, rue Mazarine,
n°. 30. Et la 6e. édition, 1 vol. *in-18*, Rapet,
rue S.-André-des-Arcs, n°. 41.

Romances Historiques, 4e. édition. 1 vol. *in-12.*

Les Visions de Quévédo, traduction nouvelle. 1 vol. *in-12.*
Blanchard, galerie Montesquieu, n°s. 16 et 17.

*Tableau chronologique et historique des Ordres de
Chevalerie.* 1 vol. *in-12.*
Colas, rue du Petit-Bourbon, n°. 12.

Les Satires d'Young, traduction libre en vers français. 1 vol. *in*-12.

  (Il s'en prépare une nouvelle édition).

La Mort d'Abel, traduction libre en vers français. 1 vol. *in*-18.

  (La seconde édition, revue et corrigée, sera publiée incessamment par Eymery, Libraire).

Œuvres choisies. 1 vol. *in*-18.

  Renouard, rue S.-André-des-Arcs, n. 55.

Comme Éditeur;

Journal des Muses, 1796. — 1797.

Le Nouveau Parnasse chrétien, 2ᵉ édition. 1 vol. *in*-12.

  Chez Villet, rue Pierre-Sarrazin, nº. 4.

La Lyre sacrée, 2ᵉ édition.

  Eymery, Libraire.

Choix décennal de Poésies légères depuis l'an 1800. 1 vol. *in*-12.

  Eymery, Libraire.

Le Journal des Dimanches, rue de l'Université, nº. 25.

www.ingramcontent.com/pod-product-compliance
Lightning Source LLC
Chambersburg PA
CBHW071530220526
45469CB00003B/709